Great Amer
MIDWESTERN
Road Trip
PUZZLE BOOK

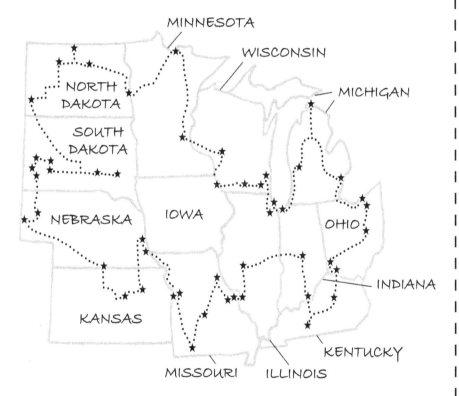

MINNESOTA

WISCONSIN

MICHIGAN

NORTH DAKOTA

SOUTH DAKOTA

NEBRASKA

IOWA

OHIO

INDIANA

KANSAS

KENTUCKY

MISSOURI   ILLINOIS

USA GRAB A PENCIL PRESS

CARLISLE, MASSACHUSETTS

★ How to Use this Book ★

The puzzles in this book were designed to enhance a real road trip or help armchair travelers hit the virtual road.

The order of the puzzles follows the starred stops on the map in this book. The route is circular, so you can start anywhere along the route and experience the journey from wherever you like. As a bonus, we've included other interesting general travel-related puzzles to entertain you between the stops.

Whether you are in your car or on your couch, you are sure to discover unique, curious, and inspiring places through the puzzles in this book. If you find a word or idea that is unfamiliar, you can google it and learn something new.

We had a fun time dreaming this up.
Hope you have a great journey!

Great American Midwestern Road Trip Puzzle Book
Copyright ©2020 Applewood Books, Inc.

ISBN: 978-1-945187-20-9

Manufactured in the United States of America

Iowa

Across

2 The capital of Iowa.

6 A famously crooked street.

7 The nickname for Iowa.

9 Town known for an enormous fruit sculpture.

10 The only island city in Iowa.

11 The oldest city in Iowa.

12 A native tribe with a settlement in Iowa.

Down

1 Midwestern region known for farming and agriculture.

3 Iowa's unique state park.

4 The largest Danish settlement in the U.S.

5 Home of Quaker Oats.

8 Animal that outnumbers humans in Iowa.

Effigy Mounds

```
B  U  R  I  A  L  S  I  T  E  W  X  F  O  L
U  U  C  U  K  U  V  W  L  J  J  C  R  E  K
I  D  J  R  B  A  A  N  L  S  V  R  Q  X  R
D  N  U  O  M  L  A  C  I  N  O  C  V  P  K
S  E  Y  E  K  S  E  L  R  A  H  C  Q  X  S
G  R  R  O  N  O  S  I  L  L  E  N  R  F  L
P  W  O  O  D  L  A  N  D  P  E  R  I  O  D
J  P  Q  K  A  H  X  Q  G  E  T  W  O  L  S
L  Z  Q  D  D  E  R  C  A  S  I  T  J  J  B
H  A  E  R  A  S  S  E  L  T  F  I  R  D  K
L  S  P  R  E  S  E  R  V  A  T  I  O  N  C
U  D  O  L  A  N  I  M  A  L  S  H  A  P  E
F  I  R  E  P  O  I  N  T  T  R  A  I  L  X
F  G  E  H  O  Y  R  A  E  B  T  A  E  R  G
P  R  E  D  L  I  U  B  D  N  U  O  M  F  O
```

ANIMAL SHAPE	BURIAL SITE	CHARLES KEYES
CONICAL MOUND	DRIFTLESS AREA	ELLISON ORR
FIRE POINT TRAIL	GREAT BEAR	MOUND BUILDER
PRESERVATION	SACRED	WOODLAND PERIOD

Welcome to Wisconsin

Across

1 Town that held the first kindergarten, class in 1856.

5 Home of the first ice cream sundae.

8 Stadium of the Green Bay Packers.

9 Green Bay Packers fan.

10 Historic city founded in the 1840s and known for its woolen mill.

11 "Malibu of the Midwest."

Down

2 Wisconsin's state flower.

3 The capital of Wisconsin.

4 The home of Harley-Davidson Motorcycles.

6 "Troll Capital of the World."

7 Home to famous architect Frank Lloyd Wright.

Travel Companions

```
I  T  I  E  C  M  L  J  G  Z  U  V  K  M  Y
N  T  Y  R  F  O  O  S  J  C  F  J  N  Y  L
R  F  O  H  B  B  W  L  I  Z  F  P  S  U  Y
I  Q  R  Q  C  B  R  O  T  H  E  R  V  Y  D
M  G  R  A  N  D  P  A  R  E  N  T  L  O  H
O  D  R  E  H  T  A  F  F  K  W  E  R  A  D
T  F  Q  N  S  X  O  B  V  I  E  E  X  N  A
H  E  X  Y  V  R  C  U  X  H  K  R  E  X  D
E  A  R  M  V  S  E  R  R  I  N  I  N  V  Q
R  T  T  D  O  K  J  T  H  G  R  S  E  U  I
O  E  B  N  A  W  G  H  H  F  U  C  Y  I  U
P  F  T  O  H  I  C  D  G  G  X  I  H  E  F
H  P  P  S  F  T  M  H  M  V  U  E  D  Y  S
N  W  H  N  I  I  R  Z  U  Y  J  A  L  E  V
W  Q  A  H  Z  S  R  B  H  U  J  V  D  I  Y
```

BROTHER	COWORKER	DAUGHTER
FATHER	FRIEND	GRANDPARENT
HITCHHIKER	MOTHER	PET
SISTER	SON	TOUR GUIDE

Wisconsin Historical Museum

```
E S S X D U P R G Q E U X I K
R R T F R O N T I E R F M L H
A R C H A E O L O G Y M I S R
O A T P G F H W Y D I M A P R
F Y T M T I H O P G D Z B A W
E P B M H O Y J R E T I V R V
X O E Y I G Z A T A G G R K Y
C T V Q R N N L L B B C Z L A
H D F K Z T A A O Y N G W N S
A O B L S M N Y C W A W H N V
N T D T S O P E D A R T R U F
G W A X K B A C R O T C A R T
E T A O M U A T V U H Q F R W
E Q H U S E T T L E M E N T W
Z X B D S D N A L D O O W Z G
```

ARCHAEOLOGY	AZTALAN	BIG BOY
ERA OF EXCHANGE	FRONTIER	FUR TRADE POST
IMMIGRANT STATE	MALTED MILK	SETTLEMENT
SPARK	TRACTOR CAB	WOODLANDS

Old World Wisconsin

```
T  N  I  R  R  E  P  D  R  A  H  C  I  R  U
E  D  A  B  M  Q  J  R  U  J  X  K  B  B  U
F  O  B  O  X  T  Z  M  Y  O  N  Q  V  L  B
I  K  F  P  O  R  X  U  Y  G  E  S  L  D  D
L  R  D  J  P  A  M  E  H  S  S  E  J  T  E
L  M  I  T  Z  M  O  S  L  R  N  L  P  Y  X
A  K  J  M  W  S  O  U  K  E  A  C  K  R  X
R  X  Q  Y  L  E  L  M  W  E  K  Y  E  D  Z
U  Y  R  V  A  U  R  R  N  N  S  C  P  K  C
R  A  K  G  F  J  I  O  V  O  O  I  B  S  A
Q  E  L  V  U  U  E  O  W  I  U  R  Y  W  Q
P  E  J  Z  Z  G  H  D  K  P  Y  T  U  U  W
D  K  L  I  V  E  S  T  O  C  K  F  C  E  C
H  J  R  E  H  T  E  U  K  S  N  A  H  J  P
Y  F  F  Q  S  D  A  O  R  S  S  O  R  C  B
```

CROSSROADS	EAGLE	HANS KUETHER
HEIRLOOM	LIVESTOCK	OUTDOOR MUSEUM
PIONEERS	RICHARD PERRIN	RURAL LIFE
SKANSEN	TRAMS	TRICYCLES

Jewish Museum Milwaukee

```
G  M  E  W  C  B  P  O  W  G  G  R  I  P  J
N  A  Q  P  P  Y  E  U  G  O  G  A  N  Y  S
O  L  T  Y  X  E  P  H  B  J  G  Y  Q  U  M
O  O  J  E  Y  W  Y  R  T  S  E  P  A  T  E
A  N  P  S  A  R  A  S  P  I  R  A  M  S  M
P  U  F  V  B  E  T  F  F  G  M  S  W  N  O
Y  K  I  M  M  I  G  R  A  T  I  O  N  C  R
D  K  C  N  S  I  Z  C  E  N  C  W  X  G  I
F  I  Y  U  N  M  T  S  O  R  E  W  E  J  A
N  T  D  P  I  D  K  I  A  U  L  Z  V  M  L
B  U  E  Y  E  F  Z  I  S  R  A  E  L  P  T
E  E  T  T  I  M  M  O  C  S  T  O  O  R  H
N  V  N  W  N  E  W  S  P  A  P  E  R  S  Y
E  B  X  E  C  N  A  R  E  L  O  T  N  I  A
P  H  O  L  O  C  A  U  S  T  U  U  J  G  B
```

HOLOCAUST	IMMIGRATION	INTOLERANCE
ISRAEL	MEMORIAL	NEWSPAPERS
ROOTS COMMITTEE	SARA SPIRA	SYNAGOGUE
TAPESTRY	TIKKUN OLAM	ZIONISM

Engine Parts

```
H P Q T I M I N G B E L T R Z
X F M D W K E T Y J C E I I K
T Z G U A T L D B P E B B O R
T F U E P X U B U Q P H A V A
E C L P A R U G D F R D T R D
K Y P L L J E H K T U E T E I
S L K N Z T O T E W B Q E S A
A I R B L J B K A R U Y R E T
G N A V O F N X S W Z S Y R O
D D P G L N O T S I P U Y L R
A E S F E Z E Z Q R S G N I O
E R E N G I N E B L O C K O N
H F L R O T A N R E T L A V I
D I K P U U G J F D Y I M H I
T F A H S K N A R C Z Z V L B
```

ALTERNATOR	BATTERY	CRANKSHAFT
CYLINDER	ENGINE BLOCK	HEAD GASKET
OIL RESERVOIR	PISTON	RADIATOR
SPARK PLUG	TIMING BELT	WATER PUMP

Welcome to Illinois

Across

4 Site showcasing archaeological finds from a prehistoric civilization.

5 One of the first native tribes to settle in present-day Illinois.

6 A political showdown between Abraham Lincoln and Stephen Douglas in 1858.

9 The first African American mayor of Chicago.

12 First state to achieve this after ratifying the 13th amendment.

Down

1 The first name of Chicago's professional baseball team, founded in 1870.

2 A battle site of the War of 1812.

3 A fire-breathing fairy tale attraction.

7 The capital of Illinois and home to Abraham Lincoln.

8 Historic burial and memorial site for Abraham and Mary Todd Lincoln.

10 Chicago's professional basketball team, founded in 1966.

11 President Ronald Reagan's childhood home.

Morton Arboretum

```
D A C S W J Q P I L G N Y H E
I Z C S E N Z U Z P S Y J N W
V T O C J O Q B P P C N C A T
E B N H O I H L R V Y X V I N
R O S U T T E I A K M Q J D Y
S J E L N A R C I L O C P R A
I O R E J R B G R A R F F A D
T Y V N B O A A I X T O O U R
Y M A B U T R R E K O R I G O
Q O T E C S I D L A N O F T B
P R I R U E U E P Z S Q G S R
X T O G D R M N X S A Z V E A
Y O N Q T Z W R D Q L I J R S
D N L X J N M K G U T B Q O R
E C N E I C S E E R T X R F P
```

ARBOR DAY	CONSERVATION	DIVERSITY
FOREST GUARDIAN	HERBARIUM	JOY MORTON
MORTON SALT	PRAIRIE	PUBLIC GARDEN
RESTORATION	SCHULENBERG	TREE SCIENCE

Chicago Sports

```
T  M  C  W  F  U  H  Y  O  C  H  F  N  O  C
O  Z  G  N  R  L  I  S  I  K  L  E  Q  S  U
Y  Q  G  A  B  I  Z  A  O  K  N  D  V  I  B
X  S  U  K  B  R  G  I  A  V  W  E  Y  S  S
H  P  O  C  S  B  S  L  H  B  O  R  I  E  P
I  H  W  L  B  T  Y  G  E  L  H  A  O  L  A
E  T  H  E  D  E  O  H  D  Y  L  L  M  A  R
Y  U  I  I  N  I  A  B  A  P  F  S  S  H  K
N  R  T  Y  W  U  E  R  T  R  M  I  I  W  F
V  E  E  H  V  H  B  R  S  D  T  V  E  P  A
B  B  S  S  X  J  B  I  F  O  T  N  L  L  C
O  A  O  A  B  C  A  U  R  I  M  B  E  A  D
I  B  X  Q  P  U  P  S  P  T  E  H  D  T  K
M  H  P  N  I  E  C  I  D  M  B  L  X  F  T
K  R  A  P  N  A  M  H  G  E  E  W  D  T  U
```

BABE RUTH	BEARS	CUBS
CUBS PARK	FEDERALS	GABBY HARTNETT
SOLDIER FIELD	TRIBUNE	WEEGHMAN PARK
WHALES	WHITE SOX	WRIGLEY FIELD

Traveling Songs

Match the song to the correct artist.

1. ____ Born to Be Wild   **A.** *VANESSA CARLTON*

2. ____ A Thousand Miles   **B.** *BRUCE SPRINGSTEEN*

3. ____ Traveling On   **C.** *STEPPENWOLF*

4. ____ On the Road Again   **D.** *PASSENGER*

5. ____ Take Me Home, Country Roads   **E.** *WILLIE NELSON*

6. ____ Traveling Alone   **F.** *JOHNNY CASH*

7. ____ I've Been Everywhere   **G.** *KONGOS*

8. ____ (It's a) Long Lonely Highway   **H.** *TOM COCHRANE*

9. ____ Life Is a Highway   **I.** *ELVIS PRESLEY*

10. ____ Born to Run   **J.** *JOHN DENVER*

Chicago Curiosities

```
T  Q  M  L  B  H  S  K  R  P  H  L  G  M  C
A  V  X  G  B  G  P  T  W  I  N  K  I  E  K
S  I  C  A  A  R  E  P  O  P  A  O  S  D  V
T  W  E  S  T  E  R  N  A  V  E  N  U  E  C
E  I  J  B  T  N  I  A  P  Y  A  R  P  S  P
O  N  F  U  G  Y  X  S  F  M  L  Z  T  Y  S
F  X  R  E  V  I  R  O  G  A  C  I  H  C  K
C  D  A  N  I  E  L  W  I  L  L  I  A  M  S
H  T  Z  P  O  K  R  A  P  Z  O  P  D  Z  T
I  V  D  C  A  G  R  R  W  A  O  D  Q  Y  Y
C  R  K  L  U  O  B  L  O  O  D  B  A  N  K
A  S  Y  T  I  C  M  A  H  T  O  G  C  W  F
G  R  U  O  M  Y  E  S  D  E  Z  Y  A  V  S
O  P  R  E  W  O  T  S  I  L  L  I  W  Q  W
J  Y  U  A  S  H  R  C  S  R  U  A  Q  R  X
```

BLOOD BANK	CHICAGO RIVER	DANIEL WILLIAMS
ED SEYMOUR	GOTHAM CITY	OZ PARK
SOAP OPERA	SPRAY PAINT	TASTE OF CHICAGO
TWINKIE	WESTERN AVENUE	WILLIS TOWER

Chicago Music and Arts

```
S A V S F K H Y D E P A R K D
O T V R N R R X V U F S C P H
U T E E O A N F T I Y O O C E
L U J T I P W N H J W X A I A
M N V A T E Q A O P X J F S R
U M J W A R Y V M S K Y Z U T
S I X Y R O M U A O T N P M S
I J B D G M V N S W U J F E D
C E L D I R R L D J O F G S I
J Z U U M E Z K O S I C J U S
J W E M T V K X R A J M S O T
A A S N A E N N S O R A W H R
Z N K M E N C V E R T A G E I
Z J R V R L I X Y Y Z N X I C
J V W A G B O L E P S O G S T
```

ARTS DISTRICT	BLUES	GOSPEL
GREAT MIGRATION	HOUSE MUSIC	HYDE PARK
JAZZ	JIM NUTT	MUDDY WATERS
NEVERMORE PARK	SOUL MUSIC	THOMAS DORSEY

14

Chicago Museums

```
D  P  D  M  W  L  L  W  W  C  W  S  O  B  W
M  E  T  U  W  U  L  M  N  Y  J  H  H  M  A
U  G  U  I  X  U  I  C  K  P  W  E  I  E  R
E  G  Y  R  D  V  N  U  B  Z  R  D  S  X  T
S  Y  R  A  U  H  C  I  F  W  I  D  T  I  I
U  N  A  T  S  N  O  Q  I  Q  T  A  O  C  N
M  O  R  E  A  G  L  X  E  H  E  Q  R  A  S
N  T  O  N  B  J  N  W  L  C  R  U  Y  N  T
G  E  P  A  L  M  P  R  D  T  S  A  M  A  I
I  B  M  L  E  N  A  W  M  V  M  R  U  R  T
S  A  E  P  E  I  R  U  U  K  U  I  S  T  U
E  E  T  T  X  A  K  W  S  Q  S  U  E  V  T
D  R  N  W  G  Y  Z  D  E  W  E  M  U  Q  E
M  T  O  K  S  H  O  V  U  D  U  W  M  A  V
J  A  C  P  L  Z  O  Y  M  T  M  M  I  I  G
```

ART INSTITUTE	CONTEMPORARY	DESIGN MUSEUM
DU SABLE	FIELD MUSEUM	HISTORY MUSEUM
LINCOLN PARK ZOO	MEXICAN ART	PEGGY NOTEBAERT
PLANETARIUM	SHEDD AQUARIUM	WRITERS MUSEUM

Things to Do in the Car

```
O F S A G M I M E U O G S O V
K X S I N G I N G Z R L E H W
V M M M G O Y M X R E A D Y C
Y E R U H H C G X E F V V J S
G U V W S O T C P C N E O D G
E B M O V I E S Z G I V R F T
O V G K G V C T E S R E F J E
I P T S A C D O P E K Y F N T
Z M T L J H L Y L C U V X Z A
W J Y M J R U Y I K R F K C E
M H N P V I P B S R L F C A Z
X F O R W A D P N M A V V X
F C J T F B G F J O F K T S Y
C G S E H T O L C E G N A H C
N F C B P N U N J D T P L R X
```

BICKER	CHANGE CLOTHES	EAT
I SPY	MOVIES	MUSIC
PODCAST	READ	SIGHTSEE
SINGING	SLEEP	TALK

Chicago Food

```
F E E B N A I L A T I Q C O J
H K A K C A J R E K C A R C D
L T W I N K I E J I U X Y O N
F H S I D P E E D Y U Q K I R
F R I E D C H I C K E N X J R
E A P R X K Q M S C S N D C D
Q Q J Q M U G S Y E L G I R W
O N R O C P O P T T E R R A G
E I F F S C U L G C Q R W H H
V Z T R D J I B A R I T O R D
Y R O F M A L O R T Z N H K Q
P A W X S Z E N L Y C Q F L X
H S J E N O C W O B N I A R O
E U C E B R A B H O T D O G L
A W W L X J U B A B Y D F Z Z
```

BARBECUE	CRACKER JACK	DEEP DISH
FRIED CHICKEN	GARRETT POPCORN	HOTDOG
ITALIAN BEEF	JIBARITO	MALORT
RAINBOW CONE	TWINKIE	WRIGLEY'S GUM

Famous Chicagoans

```
X Z L F C R J Z N A S D F O C
G T H N T O N K D M X R A C T
H N M A T B O R J A K O U S U
U K V D T I S O X B I F H A Z
G I J R I N D W R O K N P I D
H N Y O M W U T U K A O F F H
H O E J U I H P B C N S H E L
E S N L E L R M E A Y I I P I
F I S E L L E U F R E R Y U H
N M I A B I F Z O A W R Z L C
E E D H L A I J S B E A N U D
R J T C A M N Q T A S H G T S
V E L I C S N G E W T O N U F
O A A M K G E T R T V N C B U
E M W C H N J J R J U F K T M
```

HARRISON FORD	HUGH HEFNER	JENNIFER HUDSON
KANYE WEST	LUPE FIASCO	MAE JEMISON
MICHAEL JORDAN	BARACK OBAMA	ROBIN WILLIAMS
RUBE FOSTER	TIMUEL BLACK	WALT DISNEY

Welcome to Indiana

Across

3 The largest state park in Indiana.

5 Location of the first professional baseball game

7 Famous singing group originating in Gary, Indiana.

8 Home of the only known working rotary jail.

9 Popular doll created by Johnny Gruelle of Indianapolis.

11 Site of a surprise attack by Americans during the Revolutionary War.

12 A resident of Indiana.

Down

1 Capital of Indiana.

2 Battlefield memorializing Native American resistance.

4 Annual boat race on the Ohio River.

6 Historic site that dates back over 1,000 years.

10 Known as the "Limestone Capital of the World."

Attractions Along the Way

```
U V L M A L L I A R T N A F P
B O K O O L R E V O K T D A Q
T O E F W K F S Y U V C F R P
H H M B X G X Z W O N O T M L
T E E G B Q B W N C K N T E N
O O A M I F K P E A V C T R Q
R E T N E C E M O C L E W S T
W V S R Z P S P L E Y R C M V
P E H X A P A L Q K Y T F A D
N I S V K P U R T Y X E X R R
S M M U E S U M K H Q V R K I
U K F X O K U Q C F A N B E V
J B C I K R A P R E T A W T E
P L A Y G R O U N D M W E N I
F A I R O Y N I O C B D H M N
```

CONCERT	DRIVE-IN	FAIR
FARMER'S MARKET	MALL	MUSEUM
OVERLOOK	PLAYGROUND	THEME PARK
TRAIL	WATER PARK	WELCOME CENTER

Indiana Dunes

```
C U G N K T G G Y R C Z C U X
V B L L E U B Y H T O R O D D
L I A R T E G D I R C U R Z P
W G W I U Q G Q O W C W L O V
G U C I W E T L A N D S L J I
C H E L L B E R G F A R M Q E
N S L A Q P O N M H S R A M B
H E R O N R O O K E R Y J P Q
K K U V B L A O U T X T X A K
L J P L A N G O B S E L W O C
O F R D K W E S T B E A C H M
D A E T S E M O H Y L L I A B
Y P A U L D O U G L A S W M G
L Y D L A B T N U O M J Y V B
Q R R I V E R W A L K R N Z N
```

BAILLY HOMESTEAD	CHELLBERG FARM	COWLES BOG
DOROTHY BUELL	HERON ROOKERY	MARSH
MOUNT BALDY	PAUL DOUGLAS	RIDGE TRAIL
RIVERWALK	WEST BEACH	WETLANDS

Michigan

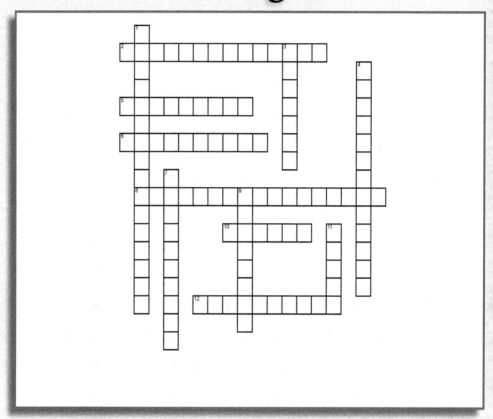

Across

2 The world's fifth longest suspension bridge.

5 Mascot of University of Michigan.

6 America's 38th president, who grew up in Grand Rapids, MI.

8 National lakeshore with points that reach 450 feet above Lake Michigan.

10 Home of the world's largest cement plant.

12 Marine delivery service that brings mail, messages, and other items to larger boats.

Down

1 Original name of University of Michigan, founded in 1817.

3 Ford installed the first moving assembly line here, earning it the nickname "Motor City."

4 Michigan's oldest town, named in 1668 by Father Jacques Marquette.

7 First U.S. zoo to relocate elephants for ethical reasons.

9 Home of the Seul Choix Point Lighthouse.

11 Site of public health crisis related to access to clean water.

Gerald Ford Museum

```
R E G N I S S I K Y R N E H R
Z L E T I S L A I R U B E T E
J L F R P D A N Y G B J N L V
R A X W O A V R A E I T E H V
V W N L L C E C S Q C E C B E
Z N F Q Y A R I K I E Z I L E
G I W U T B Y D S Q N O F A S
X L A L V I O J D Q T B F E L
A R T N Y N N F V Q E I O H S
C E E O O E T S B M N P L O Q
D B R X Z T R V K I N Y A T G
X E G I Y R I V U J I U V E A
H T A N G O A M N V A K O M N
Q T T O B O L R V Y L G O I T
P Y E A C M B O Y S C O U T T
```

BERLIN WALL	BETTY	BICENTENNIAL
BOY SCOUT	BURIAL SITE	CABINET ROOM
HENRY KISSINGER	NIXON	OVAL OFFICE
SLAVERY ON TRIAL	TIME TO HEAL	WATERGATE

Reasons for Travel

```
X  X  H  Q  P  I  Q  Y  J  E  Q  M  K  V  F
J  C  O  U  H  U  K  X  Z  V  F  L  Y  E  M
W  S  L  K  O  M  V  A  C  A  T  I  O  N  Q
B  L  I  C  T  R  T  E  R  N  I  J  U  Y  Y
U  R  D  U  O  E  L  R  E  Y  N  H  N  R  R
S  C  A  W  G  F  L  U  S  N  N  E  W  B  E
I  U  Y  A  R  G  M  T  E  D  X  W  V  Y  N
N  L  P  N  A  U  X  N  A  U  H  D  L  T  E
E  T  V  D  P  M  E  E  R  Q  W  I  U  R  C
S  U  D  E  H  J  O  V  C  K  M  I  Q  E  S
S  R  R  R  Y  Y  J  D  H  A  D  U  U  U  N
S  E  M  L  D  Y  Z  A  F  A  D  N  Y  N  O
V  O  N  U  H  V  L  X  A  R  T  U  R  I  B
G  L  N  S  S  Q  W  X  L  J  H  V  I  O  N
N  J  V  T  B  B  E  A  C  H  O  N  A  N  L
```

ADVENTURE	BEACH	BUSINESS
CULTURE	FAMILY	HOLIDAY
PHOTOGRAPHY	RESEARCH	REUNION
SCENERY	VACATION	WANDERLUST

Mackinac State Historic Parks

```
J  P  H  G  F  O  R  T  H  O  L  M  E  S  U
R  H  K  R  A  P  Y  R  E  V  O  C  S  I  D
S  F  O  R  T  M  A  C  K  I  N  A  C  K  X
W  W  Y  U  R  L  U  A  V  V  G  C  X  N  Z
W  W  X  N  O  R  U  H  E  K  A  L  S  S  M
G  N  I  D  N  A  L  H  S  I  T  I  R  B  M
N  A  B  R  A  C  B  I  M  M  G  M  V  U  Z
E  S  U  O  H  E  L  D  D  I  B  C  D  O  F
F  J  W  K  P  T  J  T  H  U  K  F  E  F  N
I  I  K  V  V  E  V  A  C  L  L  U  K  S  D
U  D  H  C  R  U  H  C  N  O  I  S  S  I  M
V  K  C  O  R  H  C  R  A  R  L  F  T  M  N
R  J  N  C  O  L  O  N  I  A  L  I  U  W  Y
J  T  M  I  L  L  C  R  E  E  K  J  G  U  K
E  T  M  J  K  C  A  Q  F  R  C  M  Q  D  D
```

ARCH ROCK	BIDDLE HOUSE	BRITISH LANDING
CAR BAN	COLONIAL	DISCOVERY PARK
FORT HOLMES	FORT MACKINAC	LAKE HURON
MILL CREEK	MISSION CHURCH	SKULL CAVE

Henry Ford Museum

```
X  S  T  E  A  M  E  N  G  I  N  E  N  J  L
J  X  G  L  M  X  C  I  N  A  T  I  T  M  F
W  K  F  E  A  O  R  N  A  M  E  N  T  S  W
L  H  I  N  D  U  S  T  R  I  A  L  I  S  T
Z  N  O  S  I  D  E  S  A  M  O  H  T  F  A
X  A  Q  M  C  Y  N  S  G  D  W  X  Q  N  I
R  O  T  C  A  R  T  N  O  S  D  R  O  F  Q
T  U  K  C  I  R  R  E  D  T  R  E  B  O  R
E  T  U  T  I  T  S  N  I  N  O  S  I  D  E
Z  D  E  L  I  B  O  M  R  E  N  E  I  W  T
Z  E  L  I  B  O  M  O  T  U  A  O  P  O  V
Q  X  Q  A  J  K  Z  B  I  B  K  Y  P  V  W
D  T  U  E  L  L  A  I  R  Q  G  Z  G  Q
E  L  C  Y  C  I  R  D  A  U  Q  S  I  R  I
I  J  T  D  B  U  R  O  S  A  P  A  R  K  S
```

AUTOMOBILE	EDISON INSTITUTE	FORDSON TRACTOR
INDUSTRIALIST	ORNAMENTS	QUADRICYCLE
ROBERT DERRICK	ROSA PARKS	STEAM ENGINE
THOMAS EDISON	TITANIC	WIENERMOBILE

Welcome to Ohio

Across

2 Location of the first ambulance service to work with a commercial hospital.

4 Siblings from Dayton known for inventing the first airplane.

7 Astronaut born in Wapakoneta.

8 Popular holiday movie filmed in Cleveland.

10 Nickname for Ohio due to its abundance of the _____ tree.

11 Location of the Rock and Roll Hall of Fame.

13 18th U.S. president and military leader born in Point Pleasant.

14 City known as the "Rubber Capital of the World."

Down

1 Dayton resident who created the first cash register in 1879.

3 Ohio's popular MLB team of the National League.

5 Home of famous Glacial Grooves.

6 Theme of the Hall of Fame in Canton.

9 The first coeducational and interracial college in the United States.

12 Famous poet and novelist from Dayton and author of *Oak* and *Ivy*.

Road Trip Hangman

With a partner checking the answer key, try to guess the correct word for each Hangman Puzzle within 10 attempts. Guessing one letter at a time, fill out a section of the hangman for each incorrect guess, and write the letter on the line (in the right spot) for each correct guess.

1.

_ _ _ _ _ _ _ _ _

INCORRECT LETTERS:

2.

_ _ _   _ _ _ _

INCORRECT LETTERS:

3.

_ _ _ _ _ _ _ _ _ _

INCORRECT LETTERS:

4.

_ _ _ _ _   _ _ _ _

INCORRECT LETTERS:

Cleveland, Ohio

```
A  C  C  M  U  A  X  E  P  C  W  E  B  O  I
V  U  X  O  D  C  A  M  Z  I  E  R  Q  I  Z
E  L  B  S  D  H  J  E  S  N  S  O  Y  X  B
N  T  I  E  V  R  H  N  D  I  T  C  I  I  B
G  U  T  S  D  I  U  I  O  L  S  K  D  K  Z
E  R  A  C  G  S  F  N  H  C  I  A  F  E  G
R  A  R  L  D  T  O  B  O  N  D  N  S  E  I
S  L  T  E  G  M  R  L  B  S  E  D  A  W  L
A  G  S  A  R  A  E  A  U  P  M  R  Y  N  I
T  A  E  V  I  S  S  C  T  B  A  O  A  O  B
D  R  H  E  N  S  T  K  L  D  R  L  R  I  Q
O  D  C  L  E  T  C  I  K  F  K  L  C  H  W
S  E  R  A  O  O  I  Q  W  L  E  R  A  S  K
U  N  O  N  N  R  T  I  X  W  T  F  D  A  F
R  S  Q  D  J  Y  Y  X  K  K  G  P  E  F  I
```

A CHRISTMAS STORY	ARCADE	AVENGERS
CLINIC	CULTURAL GARDENS	FASHION WEEK
FOREST CITY	MEN IN BLACK	MOSES CLEAVELAND
ORCHESTRA	ROCK AND ROLL	WESTSIDE MARKET

Cuyahoga Valley National Park

```
T V D J H Y R L G C Z X L X E
A R Q C Y O W N F M J E O D Q
W Y A N D O T X W K B O B T L
E L E N A P E N A T I O N Q V
S J P E K R S G O C X Q E P O
T O W P A T H T R A I L Z C L
I L A V I T S E F K L O F N A
L L A D N E K D R A W Y A H N
U M Y A W L I A R Y E L L A V
G N I H C T A W D R I B T Z Z
T F C E E H A L E F A R M N K
U Z C B O S T O N M I L L I V
L A N A C E I R E X H U Z Q Q
B R A N D Y W I N E F A L L S
H G C M O S E S G L E E S O N
```

BIRDWATCHING	BOSTON MILL	BRANDYWINE FALLS
ERIE CANAL	FOLK FESTIVAL	HALE FARM
HAYWARD KENDALL	LENAPE NATION	MOSES GLEESON
TOWPATH TRAIL	VALLEY RAILWAY	WYANDOT

Yoder's Amish Home

```
H  H  K  E  V  O  N  U  G  T  E  F  T  G  T
E  E  A  P  B  H  E  L  Q  H  D  A  R  L  O
S  Q  S  I  M  O  S  D  Z  O  I  Z  Q  V  U
U  N  E  A  A  U  U  F  D  M  R  H  I  P  Z
O  T  D  P  N  S  O  N  T  E  Y  G  K  D  D
H  M  I  P  I  E  H  Z  U  M  G  L  H  W  M
L  I  U  L  M  T  G  B  X  A  G  O  A  D  W
O  E  G  E  A  O  I  A  S  D  U  R  N  V  D
O  S  L  B  L  U  B  R  E  E  B  I  V  Y  P
H  V  A  U  F  R  E  N  I  B  H  A  S  S  A
C  U  C  T  A  W  H  T  P  R  E  Y  L  P  F
S  O  O  T  R  W  T  O  P  E  F  O  W  D  F
Q  Z  L  E  M  V  S  U  U  A  G  D  U  O  N
D  K  H  R  P  N  A  R  P  D  D  E  C  P  D
S  E  L  I  Y  O  D  E  R  W  C  R  E  B  V
```

ANIMAL FARM	APPLE BUTTER	BARN TOUR
BUGGY RIDE	ELI YODER	GLORIA YODER
HOMEMADE BREAD	HOUSE TOUR	LOCAL GUIDES
PUPPIES	SCHOOLHOUSE	THE BIG HOUSE

Car Complaints

```
Y K M Q D E X M D D Q B T B T
H Y C I S U M D A B C T D O J
R O L R T X P O W A V E H L K
H F H M V G C P M S P O M C S
O S S Z Z T P T R M O C F V V
S X F F U T P C A T B X B W E
M G N I D N E R E V E N O L G
O O W N X H C E U L H A R B A
R A E M S G U B F U W G E M R
D I V L C S G A N Y L K D Y D
T O O C O L D G P Y K N N F A
B X R T D V R T S A A N P K O
J S B H Q Y N A U V F J I U R
D N O B A T H R O O M U U T N
Y P R N O B L I N K E R X X S
```

BAD MUSIC	BORED	BUG SMEAR
CRAMPED	HUNGRY	NEVER-ENDING
NO BATHROOM	NO BLINKER	ROAD RAGE
STINKY FEET	TOO COLD	TOO HOT

Vintage Baseball

```
O  E  E  H  P  C  M  D  I  B  G  A  U  D  I
C  R  M  Y  C  D  F  A  R  G  Z  J  H  S  K
O  V  E  E  M  I  D  S  E  L  D  A  E  B  N
U  H  A  M  T  A  O  D  W  K  U  J  U  R  I
X  A  T  S  M  L  U  E  X  R  J  Q  R  U  C
Q  W  U  O  S  U  H  D  T  D  H  M  Z  L  K
S  L  R  J  L  A  S  U  N  K  N  S  E  E  E
I  A  E  L  L  A  R  F  F  E  L  E  S  B  R
B  U  L  C  M  A  H  T  O  G  L  O  J  O  B
Y  I  D  S  L  D  Z  C  S  S  V  S  O  O  O
S  L  R  I  G  R  E  M  O  O  L  B  O  K  C
Y  D  Y  P  Z  C  O  E  O  E  N  R  R  N  K
P  Y  R  O  T  S  I  H  G  N  I  V  I  L  E
S  M  A  D  A  C  O  D  D  R  R  Z  U  G  R
E  Q  J  R  T  H  G  I  R  W  Y  R  R  A  H
```

BEADLE'S DIME	BID MCPHEE	BLOOMER GIRLS
DOC ADAMS	GIRLS OF SUMMER	GOTHAM CLUB
HARRY WRIGHT	KNICKERBOCKER	LIVING HISTORY
MAUD NELSON	RULE BOOK	VASSAR

National Underground Railroad

```
O H Y C M C V X P Y L V K N J
H R J S C I N D H F K R A L Z
F A M I L Y S E A R C H N S L
N A M B U T T E I R R A H Y J
I D A B W E L L S Q I S P D T
N O I T I L O B A I Y G H W C
Z T T A D L A S L K Y D Z R A
O K H X G N I K C I F F A R T
P I S R H R F U G I T I V E Y
R E T N E C N O I T A C U D E
F R E E D O M S T A T I O N P
Y F D C I V I L W A R I U P E
Q N Q Q U A K E R S I R V Y P
S U I T E F O R F R E E D O M
O X E D A R T E V A L S J R F
```

ABOLITION	CIVIL WAR	EDUCATION CENTER
FAMILY SEARCH	FREEDOM STATION	FUGITIVE
HARRIET TUBMAN	IDA B. WELLS	QUAKERS
SLAVE TRADE	SUITE FOR FREEDOM	TRAFFICKING

Welcome to Kentucky

Across

3 Oldest city in Kentucky, founded in 1774.

6 Largest swinging bell in the world.

8 Beautiful geographic region known for raising racehorses.

9 Kentuckian famous for being the first to observe Mother's Day, in 1887.

10 This horse race is the oldest continuously running sporting event in the U.S.

11 The capital of Kentucky, established in 1786.

Down

1 Army post containing billions of dollars worth of gold.

2 This staple of American fast food was invented in Louisville.

4 American businessman known for creating Kentucky Fried Chicken.

5 Known as the world's longest cave.

7 Highest point in Kentucky.

Pets to Take Along

```
S V S A J L Z X C J U R U R Y
H V Z P R K T Y A R J L Z M E
V M O U S E L T R U T S F E N
D O X R J P W U A O C Q G Y N
S X H A M S T E R O K J O I A
H C P B J N P L I Z A R D D U
O H T B D A V E W Q I G G R N
J I E I Z K T E Y U W Z I M R
E N R T H E J T T U F T P L T
G C R B Q L R K P Y C W A E Z
H H E C G I G O H E G D E H P
K I F V A S P G I I L J N M O
X L C B G T Z B M Z O X I V I
B L V E D E J U B G G H U G Q
M A Z X T Q M E X D S I G W I
```

CAT	CHINCHILLA	DOG
FERRET	GUINEA PIG	HAMSTER
HEDGEHOG	LIZARD	MOUSE
RABBIT	SNAKE	TURTLE

Mary Todd Lincoln House

```
H  B  V  S  S  Y  D  A  L  T  S  R  I  F  S
K  N  F  R  J  I  X  O  H  S  G  P  W  T  L
M  N  C  C  O  X  Y  E  H  M  A  I  X  A
O  U  H  V  Z  O  E  L  O  U  S  A  J  T  V
R  N  O  E  O  J  B  P  E  H  R  M  T  F  E
K  A  L  Z  D  A  K  S  H  T  M  D  P  H  Q
M  L  E  P  T  Q  U  O  R  W  Q  F  X  G  U
P  U  R  S  A  M  U  O  U  I  L  V  H  B  A
F  E  A  I  E  S  P  X  E  D  E  G  T  S  R
H  B  Z  S  E  Y  F  Q  L  G  Z  J  D  U  T
O  Y  U  H  L  H  T  K  Z  U  F  B  M  L  E
J  O  S  I  A  Z  Z  R  Z  H  G  R  K  U  R
H  S  M  O  K  E  H  O  U  S  E  T  N  P  S
L  A  B  R  A  H  A  M  L  I  N  C  O  L  N
F  E  E  S  U  O  H  E  G  A  I  R  R  A  C
```

ABRAHAM LINCOLN	BEULA NUNN	CARRIAGE HOUSE
CHOLERA	FAMILY PORTRAITS	FIRST LADY
HOUSE MUSEUM	KMPF	SLAVE QUARTERS
SMOKEHOUSE	STABLES	WASHHOUSE

Mammoth Cave

```
G E C O S Y S T E M F M Y S I
A D C I Y R G N R S A D B T X
A W H Z U E V O E W F R O E K
Q C Q X W R L O H E A O T P D
Y P T I N O B N A M T F T H D
F J W W W L I X B O M S O E G
T Z W W M P O Q I D A N M N U
M H Y D M X S T L H N A L B I
Y C D Q C E P N I T S R E I D
T P N T P S H M T O M B S S E
S V E Y Y R E W A M I E S H D
R B Q N Y E R E T M S C P O H
A O G H V N E K E A E I I P I
K S N T G I N N M M R L T Z K
Y X D X Z M N T H A Y A Y T E
```

ALICE BRANSFORD	BIOSPHERE	BOTTOMLESS PIT
ECOSYSTEM	EXPLORER	FATMAN'S MISERY
GUIDED HIKE	KARST	MAMMOTH DOME
MINERS	REHABILITATE	STEPHEN BISHOP

Churchill Downs

```
E  R  G  S  E  D  I  T  S  I  R  A  Y  S  U
J  Y  K  J  I  P  C  I  D  T  S  M  C  V  T
O  N  E  J  J  A  L  N  X  E  O  T  E  B  H
C  W  N  T  I  U  A  U  C  D  L  W  R  L  A
K  H  T  G  E  I  R  W  B  C  I  I  U  W  L
E  R  U  V  D  B  K  C  T  P  V  N  T  D  P
Y  K  C  U  O  E  H  J  G  N  E  S  N  Y  S
X  L  K  C  R  Q  A  M  P  A  R  P  E  L  T
X  U  Y  U  U  K  N  A  H  R  L  I  V  E  A
D  P  O  H  F  S  D  F  G  U  E  R  A  U  K
V  V  A  V  C  C  I  D  G  W  W  E  N  E  E
J  T  K  G  U  I  C  B  E  K  I  S  O  B  S
S  R  S  R  J  U  A  X  X  R  S  P  B  E  V
A  O  B  P  E  Z  P  Y  R  V  B  B  L  Z  O
X  H  O  R  S  E  R  A  C  E  B  Y  U  K  Y
```

ARISTIDES	BET	BONAVENTURE
CLARK HANDICAP	DERBY	HATS
HORSE RACE	JOCKEY	KENTUCKY OAKS
OLIVER LEWIS	STAKES	TWIN SPIRES

Cooler Brands

```
G V V G Y R G P E L I C A N N
Q Y U D E N V M E B I K W T U
F F Y L Z Z I R G X Z A B N P
O I S E I P R Q T N P B R A D
Y U U G A N Y I J T G O X M M
U S L Y W D D E V M Z N W E X
K O R G E L U M E C I F O L Y
O L P X P G X D X V A Z R O P
B R L L B E A N T Z G B R C S
I N C F L N Z I I F T B E B A
I C L A C O E V R E K I U L D
Z T P G U Y C O U T O T S B A
B U M C D N F I O P M E K W K
H F V W D A C O T V O Y M O S
I B N Y X C B J D R Q P D V L
```

CABELA	CANYON	COLEMAN
GRIZZLY	ICEMULE	IGLOO
L. L. BEAN	ORCA	PELICAN
RTIC	TOURIT	YETI

Indiana State Museum

```
U X R W W T Y L L I L I L E D
M W F H O O S I E R U J L Z K
P T J O E G P X D O V T L A J
C O U N T Y W A L K V R V A N
V Y R E L L A G D R O F R H V
H K U K O E N D M G P A K O T
K J L L A H Y T I C H S Q C D
R E T A E H T Y C A G E L B P
A F D J W P G Q Y O O G O I A
H A R O L D H A N D L E Y U L
K R A P R E V I R E T I H W X
Y R O T S I H L A R U T L U C
T C G K P L I M U L U D N E P
N A T U R A L H I S T O R Y U
L T Z T E A R O O M S Q L F T
```

CITY HALL	COUNTY WALK	CULTURAL HISTORY
ELI LILLY	FORD GALLERY	HAROLD HANDLEY
HOOSIER	LEGACY THEATER	NATURAL HISTORY
PENDULUM	TEAROOM	WHITE RIVER PARK

Lincoln Home
National Historic Site

```
R  S  R  U  O  T  L  A  U  T  R  I  V  G  I
S  E  P  N  L  O  C  N  I  L  E  I  D  D  E
T  N  L  O  C  N  I  L  T  R  E  B  O  R  Z
E  E  Z  G  U  R  H  W  L  L  X  O  F  K  G
V  N  L  O  C  N  I  L  M  A  H  A  R  B  A
K  Q  L  A  V  I  V  E  R  K  E  E  R  G  C
F  R  E  E  A  D  M  I  S  S  I  O  N  S  F
S  N  E  E  B  M  O  T  N  L  O  C  N  I  L
B  E  C  O  X  X  K  P  K  M  E  U  E  I  M
J  T  V  P  K  P  E  M  Z  R  V  F  C  T  G
C  A  M  P  A  I  G  N  M  T  C  L  S  F  I
G  N  Z  J  U  G  Y  C  N  N  J  Z  E  K  H
W  E  O  I  D  L  O  N  R  A  Y  K  G  G  W
T  S  V  S  L  R  M  S  Z  U  E  E  S  X  Q
H  M  W  K  J  G  O  X  A  H  V  D  Q  B  W
```

ABRAHAM LINCOLN	ARNOLD	CAMPAIGN
DEAN	EDDIE LINCOLN	FREE ADMISSION
GREEK REVIVAL	LINCOLN TOMB	ROBERT LINCOLN
SENATE	VIRTUAL TOUR	WHIG

Missouri

Welcome to

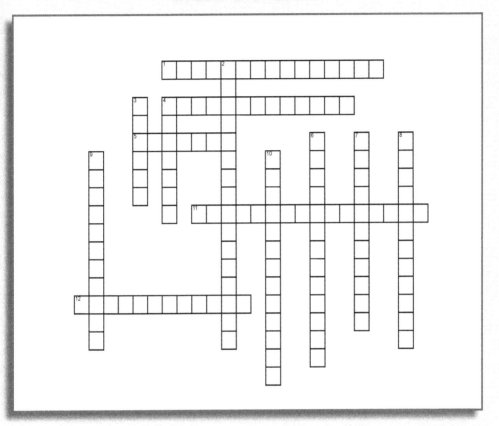

Across

1 Group that occupied Missouri prior to the Indian Removal Act of 1930.

4 Interactive experience based on the famous ship that sank in the North Atlantic.

5 Popular summer drink invented by Richard Blechynden.

11 Nickname for St. Louis, as the city was a starting point for explorers of the West.

12 33rd president, born in Lamar, MO.

Down

2 Popular Missouri MLB team.

3 Nineteenth-century railway also called the St. Louis–San Francisco Railway.

4 Born in St. Louis, this poet went on to write *The Waste Land*.

6 Annual Charleston festival.

7 Missouri's greatest invention.

8 Architect of the Gateway Arch.

9 State slogan, suspected to have come from a speech by Congressman Vandiver.

10 The first _____ was completed by Albert Berry, who landed at Jefferson Barracks.

Decode the Vanity Plate

Decode the license plate phrases and write them in the boxes below.

1.
NVRL8
road trip

2.
CALQL8
road trip

3.
XQZME
road trip

4.
XLR8S
road trip

5.
W84ME
road trip

6.
NDLSMR
road trip

7.
B9S 2US
road trip

8.
CRE8IV
road trip

St. Louis, Missouri

```
L  I  N  G  L  C  C  A  R  D  I  N  A  L  S
R  T  E  D  D  R  E  W  E  S  C  Q  O  L  V
I  O  O  Z  S  I  U  O  L  T  S  V  Z  U  Q
O  R  M  J  L  A  Q  K  T  S  E  L  I  O  T
Y  T  I  C  D  N  U  O  M  V  J  F  P  N  T
U  A  E  T  U  O  H  C  E  T  S  U  G  U  A
S  D  Z  P  A  G  N  L  T  G  A  W  V  O  X
W  S  T  E  A  M  B  O  A  T  R  Z  L  B  F
F  C  I  T  Y  M  U  S  E  U  M  R  D  Y  G
D  A  D  A  W  O  R  L  D  S  F  A  I  R  E
E  D  E  L  C  A  L  E  R  R  E  I  P  W  V
L  L  A  O  N  A  M  A  I  K  B  Z  I  C  W
X  I  P  P  I  S  S  I  S  S  I  M  G  C  O
D  X  I  S  I  U  O  L  G  N  I  K  B  Z  C
Z  G  C  K  U  F  I  L  G  W  P  G  L  B  K
```

AUGUSTE CHOUTEAU	CARDINALS	CITY MUSEUM
KING LOUIS IX	MISSISSIPPI	MOUND CITY
PIERRE LACLEDE	STEAMBOAT	ST. LOUIS ZOO
TED DREWES	T. S. ELIOT	WORLD'S FAIR

Gateway Arch National Park

```
A C G M I M W S R U O T P O T
G Y M V J V E F U E P T N O W
P T E T D T S D U S K A R P K
H Y M E K I T R H U A K O L R
C R O E A R E E C O N B N C A
R A R R L I X D R H J A I Q L
A T I O L P P S A T V E M R C
Y N A S Z S A C T R P J A I D
R E L A H R N O S U S X I G N
A M S A L E S T E O G J N T A
N U R R G E I T L C X Z I T S
E C G I B N O Z L D G H G Q I
T O X N G O N X A L T X R B W
A D X E K I Y I T O O Y I N E
C O M N O P I K X T T Y V A L
```

CATENARY ARCH	DOCUMENTARY	DRED SCOTT
EERO SAARINEN	LEWIS AND CLARK	MEMORIAL
OLD COURTHOUSE	PIONEER SPIRIT	TALLEST ARCH
TOP TOUR	VIRGINIA MINOR	WEST EXPANSION

Daniel Boone Home

```
L  T  Z  A  I  G  R  I  S  T  M  I  L  L  I
Y  P  W  R  E  I  T  N  O  R  F  J  B  L  K
Z  P  G  E  O  R  G  I  A  N  S  T  Y  L  E
G  O  X  M  E  A  C  A  A  W  K  Q  T  R  G
L  E  P  A  H  C  E  C  A  E  P  D  L  O  O
J  W  I  N  E  C  O  U  N  T  R  Y  V  C  F
F  Y  V  O  N  T  K  J  E  E  N  W  A  H  S
H  F  O  L  K  H  E  R  O  S  F  O  Z  U  P
A  R  E  B  E  C  C  A  B  O  O  N  E  T  I
R  L  M  E  F  Z  I  P  F  M  W  E  G  O  E
M  K  R  A  P  D  O  O  W  N  E  D  N  I  L
T  H  T  I  Z  P  L  Z  Q  W  L  O  I  E  K
S  X  X  N  T  L  O  N  G  R  I  F  L  E  S
P  W  N  A  T  H  A  N  B  O  O  N  E  R  A
I  V  D  X  B  I  G  T  U  R  T  L  E  T  I
```

BIG TURTLE	FOLK HERO	FRONTIER
GEORGIAN STYLE	GRIST MILL	LINDENWOOD PARK
LONG RIFLES	NATHAN BOONE	OLD PEACE CHAPEL
REBECCA BOONE	SHAWNEE	WINE COUNTRY

Books for the Road

```
G N M B Z M E V I A D N K L S
R I Z M I A A X S G D W V V S
H Z Q G N M T D N Z I O F A O
E W S K T O P P T S P D O G N
L H S I O V R H H Y F P N A J
L E H W T E A S E A O I T B L
O R O J H A Y F A W E H H O H
A E E R E B L U L H F S E N A
M S L T W L O W C G I R R D U
E W K E I E V S H I L E O I R
R A Z C L F E W E H G T A N F
I L C U D E S I M E Q A D G S
C D B Y V A D L I U O W N V U
A O D V X S L D S L D W H I M
V Q Y Q U T T K T B C D V T L
```

A MOVEABLE FEAST	BLUE HIGHWAYS	EAT PRAY LOVE
HELLO, AMERICA!	INTO THE WILD	LIFE OF PI
ON THE ROAD	THE ALCHEMIST	VAGABONDING
WATERSHIP DOWN	WHERE'S WALDO	WILD

Nuclear Waste Adventure Trail

```
O  T  S  R  T  V  H  X  Y  B  D  R  V  E  M
E  N  R  A  D  I  O  A  C  T  I  V  E  G  U
T  A  Q  Z  Y  E  E  M  C  D  S  C  M  N  I
S  L  A  Z  X  W  B  F  L  E  P  O  N  A  N
A  P  X  G  W  I  M  Q  I  N  O  L  E  R  A
W  L  Q  X  D  N  O  X  A  B  S  D  C  O  R
S  A  U  D  I  G  B  A  R  N  A  W  S  T  U
U  C  A  M  Q  P  R  E  T  R  L  A  B  N  J
O  I  R  M  Z  L  A  E  G  G  C  R  I  E  B
D  M  R  L  L  A  E  J  R  N  E  E  W  G  Q
R  E  Y  B  P  T  L  G  U  S  L  U  O  A  Z
A  H  Z  D  T  F  C  F  B  Q  L  J  P  C  Y
Z  C  W  T  A  O  U  G  M  Y  C  E  K  V  E
A  O  W  K  M  R  N  U  A  A  T  X  L  O  S
H  V  L  Z  S  M  S  D  H  C  B  Q  W  Q  S
```

AGENT ORANGE	CHEMICAL PLANT	COLD WAR
DISPOSAL CELL	EPA	HAMBURG TRAIL
HAZARDOUS WASTE	NUCLEAR BOMB	QUARRY
RADIOACTIVE	URANIUM	VIEWING PLATFORM

Midwestern College Tour

Match the school with its team name.

1. ____ University of Michigan   **A.** *BOILERMAKERS*

2. ____ University of Notre Dame   **B.** *KNIGHTS*

3. ____ University of Cincinnati   **C.** *COYOTES*

4. ____ Carleton College   **D.** *BLUEJAYS*

5. ____ University of Chicago   **E.** *BEAVERS*

6. ____ University of South Dakota   **F.** *FIGHTING IRISH*

7. ____ Minot State University   **G.** *TIGERS*

8. ____ Lawrence University   **H.** *WILDCATS*

9. ____ Creighton University   **I.** *MAROONS*

10. ____ University of Missouri   **J.** *BEARCATS*

11. ____ Purdue University   **K.** *WOLVERINES*

12. ____ University of Kentucky   **L.** *VIKINGS*

Mark Twain Home

```
K M M Q I V X N N M S B B Z D
R P R S H O L O J N S X O V I
A I Z N L N S R H V O D Y K V
M C U E H I E M A X I J H D N
D K T M T G H A B D L H O G I
N E F E Y I C N B N X E O R N
A T A L P O A R I N B B D T W
L F R C E Z O O K I O Y H O O
K E R L W Y C C I F Q F O M G
R N E E R L E K O K U X M S D
P C V U I M G W T C W X E A R
K E I M T K A E X U E G V W O
K E R A E C T L M H F I X Y F
Q B W S R O S L W N Z T D E X
N B E C K Y T H A T C H E R O
```

BECKY THATCHER	BOYHOOD HOME	HUCK FINN
LANDMARK	NORMAN ROCKWELL	OXFORD GOWN
PICKET FENCE	RIVER RAFT	SAMUEL CLEMENS
STAGECOACH	TOM SAWYER	TYPEWRITER

Things to Pack

```
L J O D W W Y Y X A Y J B O E
L H C I K P X R K Y Y S A B C
D E H A Q R I F F P N D Y A D
W A A T Z D X S Q C M R T C T
W D R S V B A U R J Q O A K B
A P G R K F E N E R V W F P Q
S H E I B N G G T X R S V A A
N O R F L S G L A M K S Y C X
A N S H A M S A W S W O I K Z
C E M D N K K S M S H R Y O Q
K S J B K J H S L Y M C N O M
S C A M E R A E D P K J S B O
U H J S T O E S J Y F U X H A
N V F E N O H P I Q X M Q I N
Z P D M V I U T A O A L O O T
```

BACKPACK	BLANKET	BOOK
CAMERA	CHARGERS	CROSSWORDS
FIRST AID	HEADPHONES	PHONE
SNACKS	SUNGLASSES	WATER

Becky's Ice Cream
& Emporium

```
F  E  O  L  D  F  A  S  H  I  O  N  E  D  R
A  G  G  M  J  E  K  I  G  S  Q  R  A  I  Z
E  G  F  N  V  R  N  I  P  T  V  Y  D  K  G
M  I  L  K  S  H  A  K  E  B  V  B  N  V  F
J  D  J  D  L  A  B  I  N  N  A  H  U  N  J
E  F  I  R  K  G  I  Q  Z  Z  T  Y  S  Z  H
E  S  K  O  O  B  S  N  E  R  D  L  I  H  C
W  P  J  V  L  D  R  A  R  E  B  O  O  K  S
S  X  N  M  D  X  S  N  G  I  S  N  I  T  S
U  W  E  M  S  I  C  N  L  W  M  T  D  P  K
O  L  A  U  R  A  H  A  W  K  I  N  S  E  G
N  O  S  T  A  L  G  I  C  C  A  N  D  Y  X
P  A  Y  P  O  H  S  K  O  O  B  J  V  Z  L
P  A  R  L  O  R  M  U  S  I  C  H  C  T  W
L  F  T  Y  R  R  E  B  E  L  K  C  U  H  R
```

BOOK SHOP	CHILDREN'S BOOKS	HANNIBAL
HUCKLEBERRY	LAURA HAWKINS	MILKSHAKE
NOSTALGIC CANDY	OLD FASHIONED	PARLOR MUSIC
RARE BOOKS	SUNDAE	TIN SIGNS

Lake of the Ozarks

```
M  A  N  M  A  D  E  O  K  T  Y  Z  S  Z  I
C  A  O  C  K  S  F  C  J  L  G  W  G  G  R
F  O  U  R  T  H  O  F  J  U  L  Y  Z  J  D
V  Q  D  L  I  A  R  T  C  I  T  A  U  Q  A
J  S  T  A  R  K  C  A  V  E  R  N  S  W  A
P  P  Z  E  P  A  A  Y  S  J  O  R  X  P  K
D  K  M  P  W  O  B  B  L  Y  B  O  O  T  S
R  Y  G  F  M  A  G  I  C  D  R  A  G  O  N
R  D  X  T  E  E  R  T  S  H  P  L  A  R  Y
J  S  M  A  D  L  L  E  N  G  A  B  Q  T  W
V  E  V  O  C  Y  T  R  A  P  F  H  Z  W  N
U  O  S  A  G  E  R  I  V  E  R  W  O  H  O
G  R  G  M  C  V  Y  J  M  S  B  B  U  P  A
A  Z  O  O  L  A  P  A  U  Q  A  N  R  Y  G
L  I  L  V  L  R  E  S  E  R  V  O  I  R  L
```

AQUAPALOOZA	AQUATIC TRAIL	BAGNELL DAM
FOURTH OF JULY	MAGIC DRAGON	MAN-MADE
OSAGE RIVER	PARTY COVE	RALPH STREET
RESERVOIR	STARK CAVERNS	WOBBLY BOOTS

Silver Dollar City

```
W  Q  U  P  Y  Y  O  Z  V  O  E  B  P  A  S
B  N  C  O  I  B  H  T  U  O  L  W  Z  K  O
J  R  E  W  D  D  E  A  E  I  O  A  T  M  X
M  J  E  D  A  X  V  B  L  W  H  T  Y  T  D
W  B  L  E  I  Q  A  L  L  H  E  E  H  A  B
Y  V  I  R  S  K  C  E  E  F  H  R  E  O  R
H  I  B  K  I  M  L  R  B  R  T  P  R  B  O
T  S  U  E  F  O  E  O  N  M  N  A  S  W  W
K  A  J  G  I  E  V  C  O  Z  I  R  C  O  N
P  L  K  E  N  S  R  K  S  S  E  K  H  H  S
C  O  R  B  D  X  A  L  N  O  R  H  E  S  C
K  O  A  Z  J  R  M  A  A  C  I  K  N  K  A
J  N  Z  W  I  L  G  K  R  P  F  Z  D  F  N
Q  F  O  R  X  T  Z  E  B  M  N  W  S  B  D
O  K  I  C  A  M  P  G  R  O  U  N  D  A  Y
```

BRANSON BELLE	BROWN'S CANDY	CAMPGROUND
FIRE IN THE HOLE	HERSCHENDS	MARVEL CAVE
OZARK JUBILEE	POWDER KEG	SALOON
SHOWBOAT	TABLE ROCK LAKE	WATER PARK

Hotel Chains

```
O W W Y N D H A M L L T U Q H
P J I D S C H N R D S D A D D
M M O T E L S I X H U D V P Z
A L S L G H I N P N P J K H O
B I D H B M R C G R E N Z L F
F J S Y E A A K V V R N E W J
L O W L D R M S L E E I J N D
Y E O P R R A C V A I Y H D L
N W E J J I D T X V G A I I X
Z N E D S O A E O V H D L Z B
X W E S D T V W X N T I T K Z
L Y R I T T J J M B A L O M R
B L Q N O I R A L C J O N X Z
E B A R X O N Y P C M H R G B
Q T T A Y H R A D I S S O N P
```

CLARION	HILTON	HOLIDAY INN
HYATT	MARRIOTT	MOTEL SIX
RADISSON	RAMADA	SHERATON
SUPER EIGHT	WESTIN	WYNDHAM

National World War I Museum

```
N  F  I  E  N  X  B  N  M  M  Y  P  W  D  T
E  R  I  W  E  B  N  O  A  S  U  E  O  Y  H
U  A  M  P  D  M  Y  S  R  I  B  A  B  F  J
T  N  S  N  L  O  V  L  G  R  O  C  S  N  P
R  Z  I  T  U  B  G  I  E  E  A  E  X  E  L
A  F  N  P  F  I  W  W  L  E  T  C  E  T  K
L  E  O  I  U  L  H  W  E  T  W  O  C  M  O
I  R  I  Y  N  I  Z  O  T  N  A  N  I  E  K
T  D  T  R  C  Z  L  R  L  U  R  F  T  W  R
Y  I  A  M  L  A  G  D  A  L  F  E  S  Q  G
R  N  L  O  E  T  F  O  N  O  A  R  I  G  U
Z  A  O  K  S  I  F  O  V  V  R  E  M  H  C
M  N  S  C  A  O  L  W  K  M  E  N  R  Z  K
H  D  I  B  M  N  L  T  V  S  C  C  A  A  C
S  R  E  W  O  P  L  A  R  T  N  E  C  M  J
```

ARMISTICE	CENTRAL POWERS	FRANZ FERDINAND
ISOLATIONISM	MOBILIZATION	NEUTRALITY
PEACE CONFERENCE	TELEGRAM	U-BOAT WARFARE
UNCLE SAM	VOLUNTEERISM	WOODROW WILSON

Harry S. Truman Library & Museum

B	F	T	W	F	J	N	C	D	M	O	S	M	L	N
L	D	O	S	E	I	Y	S	K	I	B	E	W	A	E
W	R	Z	R	D	J	T	C	W	P	A	C	T	M	C
H	C	Z	E	E	H	Q	L	A	E	M	O	Y	A	I
X	A	S	P	R	K	F	X	T	A	S	N	T	R	F
Q	M	M	A	A	O	T	U	O	C	I	D	D	S	F
U	I	T	P	L	F	C	N	M	E	N	T	L	H	O
O	H	V	N	R	T	O	G	I	J	U	E	C	A	L
L	S	U	A	E	P	L	S	C	T	M	R	M	L	A
X	O	X	M	C	L	D	Z	B	X	M	M	W	L	V
K	R	D	U	O	J	W	X	O	I	O	Y	R	P	O
A	I	V	R	R	H	A	I	M	J	C	V	L	L	P
A	H	E	T	D	Q	R	F	B	M	S	B	D	A	A
R	C	V	O	S	P	B	C	B	O	C	I	D	N	B
B	Y	T	F	I	L	R	I	A	N	I	L	R	E	B

ATOMIC BOMB	BERLIN AIRLIFT	COLD WAR
COMMUNISM	FDR	FEDERAL RECORDS
HIROSHIMA	MARSHALL PLAN	NATO
OVAL OFFICE	SECOND TERM	TRUMAN PAPERS

Welcome to Nebraska

Across

2 River famous for canoeing and waterfalls.

3 State park previously owned by Old West legend Buffalo Bill.

6 Rock formation and landmark in Morrill County.

8 The Nebraska state motto.

9 Nebraska's official nickname star ng in 1945.

10 America's largest indoor rainforest.

11 Type of sandwich that originated in Omaha.

12 City at the start of the Black Hills Gold Rush.

Down

1 Nickname given by explorer Stephen Long to describe the flat, dry terrain.

4 Holiday created by J. Sterling Morton in 1872.

5 The largest _____ was found in Lincoln, NE.

7 City known for its production of limestone.

Road Trip Riddles

Correctly answer the following riddles.

1. You are steering a bus from California. When you start, 5 people get on. When the bus hits Nevada, 3 people get off and 7 people get on. When the bus hits New Mexico, 2 people get off and no one gets on. The bus reaches Texas, and 3 people get off and 9 people get on. The bus hits Missouri and 5 people get off, 7 people get on. When it reaches Ohio 5 people get off and 11 people get on. The bus hits Kentucky, 6 people get on and 9 people get off. When the bus hits South Carolina, 3 people get off and 18 people get on. When the bus makes its last stop in Florida, everyone gets off. Who was driving the bus?

Answer: _____

2. Four men were on a road trip and drove their car into a lake. All four men sank to the bottom of the lake, yet not a single man got wet! Why?

Answer: _____

3. If a wheel has 64 spokes, how many spaces are there between the spokes?

Answer: _____

4. A large truck is crossing a bridge 1 mile long. The bridge can only hold 14,000 lbs, which is the exact weight of the truck. The truck makes it halfway across the bridge and stops. A bird lands on the truck. Does the bridge collapse?

Answer: _____

5. What has roots that nobody sees, is taller than trees? Up, up it goes. And yet never grows?

Answer: _____

Lewis & Clark Trails

```
K  B  U  J  X  D  A  C  D  H  K  L  D  P  Q
R  Z  U  V  A  E  W  A  G  A  C  A  S  G  L
F  V  F  L  O  R  A  A  N  D  F  A  U  N  A
O  S  A  G  E  O  R  A  N  G  E  U  Y  H  R
P  M  O  U  N  T  A  I  N  G  O  A  T  S  U
N  A  T  I  O  N  A  L  T  R  A  I  L  D  P
O  L  D  P  G  R  E  A  T  H  A  L  L  Y  I
W  V  W  L  D  I  T  C  N  E  F  P  B  L  D
S  G  E  U  S  G  A  U  W  W  U  O  N  V  I
S  S  E  G  D  O  L  H  T  R  A  E  Z  S  F
B  E  N  E  U  G  O  R  I  P  E  T  I  H  W
A  T  A  O  B  L  E  E  K  S  Q  C  W  O  N
J  S  N  R  U  B  N  E  K  D  K  B  M  N  Z
N  O  I  T  I  D  E  P  X  E  A  D  S  R  M
E  F  F  U  L  B  E  N  O  T  S  E  M  I  L
```

EARTH LODGE	EXPEDITION	FLORA AND FAUNA
GREAT HALL	KEELBOAT	KEN BURNS
LIMESTONE BLUFF	MOUNTAIN GOATS	NATIONAL TRAIL
OSAGE ORANGE	SACAGAWEA	WHITE PIROGUE

Durham Museum

```
B U F F E T T S T O R E O S L
A N O S K R A L C P O H S I B
K Q X V E X O N U M I A Z E W
G C O L O N I A L C O I N D I
U N I O N S T A T I O N T N B
N A Z G B I G P B F V B Z A X
V A Q P R C P B X U R Q N R X
R A T S A H A M O Q T U V B A
W B Y R O N R E E D Y Z J E F
D M O D E L T R A I N S B P Q
P O M A H A A T W O R K Z J P
M A Z K J A Z B Z O R S J V K
G R A C T E E R T S M P I U D
C G K O U N T Z E T R A C T Z
U T P J Q Q W E L L K N M N E
```

BISHOP CLARKSON	BRANDEIS	BUFFETT STORE
BYRON REED	COLONIAL COIN	EXONUMIA
KOUNTZE TRACT	MODEL TRAINS	OMAHA AT WORK
OMAHA STAR	STREETCAR	UNION STATION

Henry Doorly Zoo

```
C O N S E R V A T I O N Y G A
J W C E M L O A Y V N V E J D
U S B B V N X J F N T H W R V
Q F G C D O Q V R D Q G L Q E
D H C A E B Y A R G N I T S N
U B M C U J Z Z G G I S S P T
T O R G D Q P Y I W G C W G U
A Q U A R I U M V J Y D S K R
F Q E C N E I C S E R O P S E
T O A N L O S T V A L L E Y T
I R A F Y K S H A B I T A T R
U B Q W N X S L Q B L R D X A
I X X H H S M K J E L R E Y I
D R R A C S A G A D A M I J L
F I N U T R A R E P L A N T S
```

ADVENTURE TRAILS	AQUARIUM	CONSERVATION
EL REY	HABITAT	LOST VALLEY
MADAGASCAR	OLMEC	RARE PLANTS
SKYFARI	SPORE SCIENCE	STINGRAY BEACH

Fast Food Restaurants

```
Q R E G R U B A T A H W K Y S
D G G J U Q E D B S F M M O Y
C I N O S L F X O W D V R H B
D V I C R H A R D E E S M L R
R X K M C D O N A L D S O L A
F S R F P R S M F V S X V D O
T E E J C K Q J J J Q C G Y G
Y Y G X F W E N D Y S J G H N
K E R M T G L U R W S T T I F
F P U R A J Z F A V A Q M S R
Y O B S C O B O J A N G L E S
I P D J E H P T J G B C J J Q
V O S N M T K M P S U B W A Y
Q A W N X B X G X Y U O M I Q
F L F R L L E B O C A T E E J
```

ARBY'S	BOJANGLES'	BURGER KING
HARDEES	KFC	MCDONALD'S
POPEYES	SONIC	SUBWAY
TACO BELL	WENDY'S	WHATABURGER

Welcome to Kansas

Across

1 Town housing replica of Dorothy's house from *The Wizard of Oz.*

3 Only river pronounced differently in Kansas than in other states.

8 One of the nation's leading aircraft manufacturing centers.

9 Known as the "Cow Chip Capital" of Kansas.

11 Nicknamed the "Salt City" due to rich salt deposits.

12 Childhood home of 34th president Dwight D. Eisenhower.

Down

2 Born in Atchinson, first woman to fly across the Atlantic Ocean.

4 First female mayor in the U.S., elected in 1887 in Argonia.

5 The state flower of Kansas.

6 The "Wheat Capital of the World."

7 Home of an over-38-foot-long ball of twine that's still growing.

10 Born in Kansas, first African American woman to win an Oscar.

Oz Museum

```
H F S A M U M P P M J F E V U
E G R E G L O B D F J N O G S
S A E P J F Q A P K V T R O N
U R P E O R C Y N I H D P I N
O L P K C I R B W O L L E Y G
H A I K L Y S X J Q S I I T Z
N N L W O O Z Y D O L L S C G
I D S F I G L L I R R E M F V
K L Y Y D V M G M C R O J M F
H N B F S Y G P S O M M Y B I
C R U I M R E C F A H L U U V
N S R E H T O R B R E K R A P
U S L O L I V E R H A R D Y B
M G S G Y A E O S G O W J S H
I X U T M A M F G G F G Z H T
```

BAUM	BOLGER	FOREST
GARLAND	MERRILL	MGM
MUNCHKIN HOUSE	OLIVER HARDY	PARKER BROTHERS
RUBY SLIPPERS	WOOZY DOLL	YELLOW BRICK

Dwight D. Eisenhower Library

W	Y	U	N	A	C	I	L	B	U	P	E	R	I	Z
E	E	A	T	E	F	S	S	X	Y	T	M	K	I	W
U	I	W	D	I	V	A	D	P	M	A	C	S	R	V
F	A	M	K	S	N	O	D	S	T	E	S	F	A	B
A	V	U	A	C	N	A	A	N	X	S	K	E	W	O
B	B	J	A	M	A	A	M	K	A	C	F	I	D	Y
N	O	I	T	A	G	E	R	G	E	S	E	D	L	S
V	J	V	H	U	Y	S	Y	E	M	V	F	W	R	C
G	J	T	V	I	L	J	A	E	T	R	F	U	O	O
E	L	L	U	A	G	E	D	R	L	E	Q	X	W	U
K	P	Y	L	O	N	S	B	Y	R	W	V	Z	C	T
I	D	A	E	I	S	E	N	H	O	W	E	R	Y	S
L	R	J	J	A	L	C	T	P	A	D	B	K	L	Q
J	X	R	N	G	D	T	N	I	O	P	T	S	E	W
V	W	U	X	G	D	I	Z	G	V	W	G	R	W	B

BOY SCOUTS	CAMP DAVID	DE GAULLE
DESEGREGATION	IDA EISENHOWER	IKE
MAMIE	PYLONS	REPUBLICAN
VETERANS DAY	WEST POINT	WORLD WAR II

Cars Come in All Colors

```
L X U T A S G L O V N Y B T G
F Q B E T I H W G G I W S Q E
C J R T V A K P P O U B C S E
Y F Q D F G M J J W X L C U N
S Q G C K F V G R I Y A N Z D
C L Y X K N F V D N Y C B F V
M J Q U N O O R A M Z K T L L
I K X Z X N D V S S I S N H M
V J W Z C Y I X Y M S G E Y R
S U O J G B D O R A N G E Q G
X I L I M W G T B B R U Z I C
N A L A O C R A H C L G S K G
V A E V G L E V L B D T R J Q
W R Y L E P E K F B R O W N B
S J A X F R N B T A N J X P V
```

BLACK	BLUE	BROWN
CHARCOAL	GRAY	GREEN
MAROON	ORANGE	SILVER
TAN	WHITE	YELLOW

Willa Cather Center

```
J  B  A  E  B  K  R  E  Z  T  I  L  U  P  L
O  V  O  I  A  I  N  O  T  N  A  Y  M  O  E
I  V  L  W  G  W  J  O  S  M  Z  Q  T  H  C
A  O  P  E  R  A  H  O  U  S  E  Z  V  R  Q
J  F  Y  T  R  O  L  L  G  A  R  D  E  N  M
D  P  N  A  F  T  H  E  S  P  E  R  I  A  N
S  T  H  G  I  L  I  W  T  L  I  R  P  A  Q
R  J  R  E  H  T  A  C  M  A  I  L  L  I  W
H  I  U  Z  H  T  E  H  E  O  R  J  Z  K  I
A  Y  Y  A  K  N  O  P  F  I  X  C  S  E  R
E  D  I  T  H  L  E  W  I  S  R  I  E  O  H
H  J  O  N  E  O  F  O  U  R  S  I  F  S  Y
N  B  G  D  X  X  R  A  I  L  R  O  A  D  G
Z  A  H  P  Q  A  H  P  W  K  U  Y  J  R  I
O  F  B  B  H  M  O  W  D  S  U  U  L  K  P
```

APRIL TWILIGHTS	EDITH LEWIS	HESPERIAN
KNOPF	MY ANTONIA	ONE OF OURS
OPERA HOUSE	PRAIRIE	PULITZER
RAILROAD	TROLL GARDEN	WILLIAM CATHER JR.

Scotts Bluff National Monument

```
M N R M I R V E K K M Y R F E
S O B A W O A M C T Z J W T A
L S E N P D S I I C F K S U U
I L G I O I Y G N A L M T G W
S I E F N R H R F S M I R M T
S W M E Y R P A E E I T A E N
O W N S E O A N N I Y C T A G
F O I T X C R T E T V H A P P
J R E D P L G B C I H E L A W
I D D E R I O O O U E L C T Y
H O N S E A P G G Q P L Y E Y
G O Q T S R O Q I I X P H W H
L W O I S T T I L T W A N J H
W D R N D S C G O N P S Z G E
U U G Y J K O F I A T S U H T
```

ANTIQUITIES ACT	EMIGRANT	FOSSILS
MANIFEST DESTINY	MEAPATE	MITCHELL PASS
OLIGOCENE	PONY EXPRESS	STRATA
TOPOGRAPHY	TRAIL CORRIDOR	WOODROW WILSON

Carhenge

```
L K N G J E L I S E U E G O N
S S O H U S Q G C V J C L X Q
N R M Y T P A E U R W I O E K
O E L B O I S O L E E T R U Z
S D A W F L E F P S G S W M H
A N S I K C L F T E N L R E Q
E I G D K E I S U R E O X M R
S E N V K R B A R T H S E O T
D R I I M A O N E C E D X R H
R M N N R L M D D A N Z L I M
O I W T B O O H O R O V B A M
F J A A M S T U M A T S H L Y
J C P G B S U R B C S W Q S B
M W S E O Z A S V L Z H M R D
S V H C D O E T O L Z P D X X
```

AUTOMOBILES	CAR ACT RESERVE	FORD SEASONS
GEOFF SANDHURST	JIM REINDERS	MEMORIAL
SCULPTURE	SOLAR ECLIPSE	SOLSTICE
SPAWNING SALMON	STONEHENGE	VINTAGE

Things in the Trunk

```
S E A W K M L J Q D X G F S Q
P C K I X B H V A I R J J E O
A L D V N E S E R A L F U H Q
R Q E D F F A S M T I H M C O
E E D S P Y V O R S F X P T Z
T U P B B E T M E R L F E A R
I V M A L O K C Z I A B R M N
R F F B R D P Z S F S L C S Y
E H J O R C E C V A H A A L N
S J I G N E S I Z I L N B E Y
M L W N L G L I Z I I K L V U
K K X Y F O G L O N G E E O U
X H X M D E V B A C H T S H X
A Q J N D J T E R H T O K S K
W H F I W C N X S G T I U F I
```

BLANKET	FIRST AID	FLARES
FLASHLIGHT	GLOVES	JUMPER CABLES
MATCHES	MOTOR OIL	SCRAPER
SHOVEL	SPARE TIRE	UMBRELLA

Welcome to South Dakota

Across

6 Mountain considered sacred by many plains Native Americans.

7 Only venomous snake native to South Dakota.

10 Name of the largest and most complete T. rex fossil.

11 Enormous memorial sculpture for Native American war leader.

12 Home of the annual Mashed Potato Wrestling Contest.

Down

1 Famous native tribe occupying much of South Dakota.

2 Famous *The Price is Right* host hailing from South Dakota.

3 Third longest cave in the world, with more than 200 miles of passages.

4 Enormous presidents carved into rock.

5 National park containing some of the richest fossil beds.

8 Home of the world's only Corn Palace.

9 The official state sport of South Dakota.

Wind Cave

```
V D N I W C I R T E M O R A B
F M F G X M U P V T C F T F I
T C Z A Z T H D E Q Y J S B H
Q C H E Y E N N E P E O P L E
F K B U X O G B D U S E T F Y
R A M I N I N G C O M P A N Y
O J E S S E M C D O N A L D X
S N C X Y R A U T C N A S W Q
T R S T F A R E T I C L A C M
W J J M M O O N M I L K I C I
O F E E N M K R O W X O B H N
R J L S Y D U S T B O W L G G
K Z L A K O T A P E O P L E B
Q W B L J Z J R M Z Y L K P Y
B I S O N H E R D Y P U L B K
```

BAROMETRIC WIND	BISON HERD	BOXWORK
CALCITE RAFTS	CHEYENNE PEOPLE	DUST BOWL
FROSTWORK	JESSE MCDONALD	LAKOTA PEOPLE
MINING COMPANY	MOONMILK	SANCTUARY

Crazy Horse Memorial

```
Z  I  O  L  K  O  W  S  K  I  H  V  Y  K  I
U  L  Q  R  J  S  B  Q  X  C  J  F  C  D  C
G  N  I  V  R  A  C  M  A  T  O  N  A  J  I
B  D  O  T  Y  Y  A  S  R  W  P  Q  F  N  J
A  T  O  K  A  L  A  L  A  L  G  O  T  E  O
P  R  E  S  E  R  V  E  C  U  L  T  U  R  E
Z  L  M  S  L  L  I  H  K  C  A  L  B  L  A
N  E  Q  O  B  O  K  G  B  K  Q  D  V  I  Z
T  H  J  F  D  A  E  H  R  E  D  N  U  H  T
P  E  I  N  D  I  A  N  M  U  S  E  U  M  M
X  D  G  E  Q  P  R  E  D  A  E  L  R  A  W
F  E  T  T  E  R  M  A  N  F  I  G  H  T  R
I  A  C  O  K  T  I  W  E  K  N  U  S  A  T
Q  O  I  M  E  V  C  D  Z  W  B  W  S  N  O
B  S  A  C  R  E  D  L  A  N  D  R  A  G  B
```

BLACK HILLS	CARVING	FETTERMAN FIGHT
INDIAN MUSEUM	MATO NAJI	OGLALA LAKOTA
PRESERVE CULTURE	SACRED LAND	TASUNKE WITKO
THUNDERHEAD	WAR LEADER	ZIOLKOWSKI

Road Trip Math Puzzlers

Solve these math word problems.

1. Ruth is traveling 60 mph toward Boston, which is 75 miles away. If she maintains this pace, how many minutes will it take her to reach her destination?

2. Andrew is halfway between Seattle and Los Angeles, which are 1,135 miles apart. If his average speed is 55 mph, how much longer does he need to drive to reach Los Angeles, excluding pit stops?

3. Johnny is rationing his snacks on his way to Disney World. He only has 30 pieces of candy left and 5 hours to go. How many pieces of candy can he have per hour?

4. Beth is traveling from Houston to Dallas, which is about 240 miles away. The speed limit is 65 mph for the first half of the trip and 55 mph for the second half. How long will the trip take?

5. Patrick is worried about running out of gas. His car gets 35 mpg and has a 16-gallon gas tank that is three-quarters full. How many more miles can he drive before he runs out of gas?

Mount Rushmore

```
M  I  T  P  U  M  V  L  P  T  V  S  M  M  Q
Z  N  D  Y  D  O  H  S  P  S  N  R  U  U  W
C  O  C  F  P  D  Y  Z  P  I  O  E  L  L  A
B  I  W  I  T  E  E  U  L  X  S  D  G  G  S
T  S  K  D  I  E  C  H  X  T  N  N  R  R  H
K  N  X  T  E  R  N  X  R  Y  I  U  O  O  I
R  A  J  U  Q  F  E  W  M  F  B  O  B  B  N
O  P  E  W  A  F  D  X  O  E  O  F  N  N  G
O  X  F  N  G  O  N  Z  Z  E  R  S  O  L  T
S  E  F  L  M  L  E  M  L  T  E  U  Z  O  O
E  I  E  O  Z  O  P  T  X  F  N  I  T  C  N
V  C  R  C  Z  B  E  A  H  C  A  D  U  N  D
E  L  S  N  M  M  D  M  F  H  O  R  G  I  F
L  B  O  I  L  Y  N  C  O  V  D  A  R  L  R
T  C  N  L  K  S  I  Z  P  F  Q  Z  G  G  S
```

DOANE ROBINSON	EXPANSION	GUTZON BORGLUM
INDEPENDENCE	JEFFERSON	LINCOLN
LINCOLN BORGLUM	ROOSEVELT	SIXTY FEET
SYMBOL OF FREEDOM	U.S. FOUNDERS	WASHINGTON

Midwestern Tasting Tour

Match the food celebration with it location.

1. ____ Potato Days   **A.** *MUSCODA, WISCONSIN*

2. ____ Blue Ribbon Bacon Festival   **B.** *VERMONTVILLE, MICHIGAN*

3. ____ Maple Syrup Festival   **C.** *LONG GROVE, ILLINOIS*

4. ____ Chocolate Fest   **D.** *MADISON, WISCONSIN*

5. ____ Morel Mushroom Festival   **E.** *CLARK, SOUTH DAKOTA*

6. ____ Milk Days   **F.** *MILWAUKEE, WISCONSIN*

7. ____ Asparagus Festival   **G.** *DES MOINES, IOWA*

8. ____ World's Largest Brat Fest   **H.** *HARVARD, ILLINOIS*

9. ____ Strawberry Days   **I.** *HOPKINS, MINNESOTA*

10. ____ Taco Fest   **J.** *EMPIRE, MICHIGAN*

11. ____ Rhubarb Fest   **K.** *STRAWBERRY POINT, IOWA*

12. ____ Raspberry Festival   **L.** *DULUTH, MINNESOTA*

Wall Drug Store

```
B  S  I  V  D  F  R  E  E  W  A  T  E  R  M
Q  N  K  B  E  T  I  A  R  Z  S  K  P  O  Y
F  J  P  R  P  A  R  N  E  L  U  Y  K  H  P
H  S  A  O  A  G  L  I  D  P  L  R  N  S  M
V  U  I  N  R  S  C  I  N  J  L  E  U  H  S
L  K  H  T  T  D  S  R  O  N  I  L  T  O  O
F  Y  Q  O  M  R  Y  G  W  E  V  L  S  P  Z
L  Y  F  S  E  A  O  F  E  S  A  A  O  P  E
P  S  C  A  N  O  B  H  D  N  N  G  N  I  N
B  Z  J  U  T  B  W  U  I  A  V  T  R  N  B
O  U  T  R  S  L  O  S  S  H  Z  R  J  G  U
K  H  Z  U  T  L  C  T  D  H  G  A  J  M  U
P  Y  M  S  O  I  Q  E  A  P  C  N  L  A  X
L  W  U  F  R  B  I  A  O  A  N  X  N  L  D
U  O  R  C  E  G  I  D  R  B  V  W  Z  L  D
```

ART GALLERY	BILLBOARDS	BRONTOSAURUS
COWBOYS	DEPARTMENT STORE	FREE WATER
HANSEN	HUSTEAD	KNUTSON
ROADSIDE WONDER	SHOPPING MALL	SULLIVAN

Drinks to Pack

```
E A W W Y H E Q Z T C E K E B
O X J N P G T R Q E W B T C V
V D Y V L Y N E N A R A U T C
X C O F F E E E V E L F T E K
R L M S S O E B Z O P I A E H
E R J U I C E T C C G H N P R
I F J T X P L O O R A T F E Q
H X N M J E H O G D X S D B Y
T U R O S C J R O O I S D A Q
O G E D T K D S L Q G O M B B
O S U O O P M B M U Y I Q U V
M D H J L A S N D E M A L O C
S A L A E L A R E G N I G G I
T D X R I K T M A G T B B Z U
K B C L E M O N A D E X A T S
```

COFFEE	COLA	CREAM SODA
GINGER ALE	HOT CHOCOLATE	JUICE
LEMONADE	ROOT BEER	SELTZER
SMOOTHIE	TEA	WATER

Badlands National Park

```
S  S  R  V  W  E  J  Z  C  I  E  K  E  Z  D
E  E  Y  N  J  W  V  M  E  T  E  L  E  C  P
C  D  I  S  O  K  A  U  A  R  P  I  H  E  S
N  I  X  I  M  J  P  R  O  O  W  E  E  R  M
A  M  L  T  Y  D  B  S  E  H  Y  H  E  U  W
D  E  E  N  S  E  I  P  I  E  S  D  I  W  O
T  N  P  A  T  O  A  T  N  N  A  R  P  T  T
S  T  H  R  N  R  E  N  R  E  E  I  C  V  W
O  S  E  J  A  R  E  O  T  H  N  L  Z  J  V
H  V  E  K  I  R  H  S  T  N  L  U  W  H  S
G  I  I  V  I  G  E  O  A  Q  Y  U  U  P  A
C  R  E  V  I  M  E  C  M  E  A  L  S  Z  O
A  R  E  B  O  L  L  A  C  I  S  O  K  A  M
L  R  X  H  A  E  L  H  L  H  M  R  N  W  U
M  N  G  P  S  A  J  A  N  R  O  I  R  I  H
```

ARIKARA PEOPLE	BIG HORN SHEEP	CHEYENNE RIVER
EROSION	GHOST DANCE	HOMESTEADERS
MAKO SICA	PALEOTHERIUM	PINNACLES
SEDIMENTS	VERTEBRATE	WHITE RIVER

Dignity Statue

```
T  F  I  G  D  O  O  H  E  T  A  T  S  S  P
V  B  N  S  E  A  Q  A  H  P  T  M  K  C  E
Z  F  I  T  X  R  R  S  C  P  K  D  I  U  X
F  U  I  A  O  K  E  U  T  L  M  K  F  L  T
O  G  L  I  Y  O  V  O  S  A  A  T  T  P  G
B  A  L  N  V  A  I  N  L  I  G  L  O  T  O
W  M  U  L  Y  A  R  E  G  N  F  I  L  U  L
N  S  M  E  E  T  I  G  G  S  B  U  E  R  A
P  L  I  S  B  A  R  I  M  S  K  Q  R  E  M
N  E  N  S  O  V  U  D  X  T  B  R  A  T  P
M  T  A  S  O  L  O  N  Y  Y  U  A  N  R  H
C  M  T  T  L  W  S  I  O  L  Z  T  C  A  E
K  B  E  E  B  I  S  W  P  E  S  S  E  I  R
I  I  G  E  X  R  I  D  C  R  F  C  N  L  E
E  P  B  L  F  V  M  T  C  E  F  S  V  D  E
```

ILLUMINATE	INDIGENOUS	LAMPHERE
LOOBEY	MCKIE	MISSOURI RIVER
PLAINS STYLE	SCULPTURE TRAIL	STAINLESS STEEL
STAR QUILT	STATEHOOD GIFT	TOLERANCE

82

Mitchell Corn Palace

```
W  J  J  A  M  I  X  D  S  Q  Q  L  S  Q  Q
O  T  H  G  O  W  P  H  B  T  V  D  G  H  T
R  J  T  R  O  P  W  B  A  F  G  D  M  R  R
L  L  I  I  R  Y  H  G  T  R  O  D  E  M  A
D  A  W  C  I  H  U  Q  J  M  V  X  L  M  P
S  V  K  U  S  Y  T  F  F  R  Y  E  T  C  O
O  I  C  L  H  J  I  I  O  I  U  E  S  O  R
N  T  E  T  R  K  F  P  L  G  C  W  A  T  C
L  S  B  U  E  T  Q  S  K  V  Y  O  C  L  O
Y  E  H  R  V  L  R  C  A  P  W  H  N  A  A
R  F  X  E  I  F  Q  H  R  R  F  R  E  R  B
S  D  E  S  V  G  F  U  T  Q  T  A  D  U  H
T  M  F  H  A  Q  U  L  O  M  T  C  O  M  O
E  X  V  O  L  R  L  T  D  D  A  S  O  J  F
V  I  T  W  F  E  N  Z  P  Q  S  O  W  U  E
```

AGRICULTURE SHOW	BECKWITH	CROP ART
FESTIVAL	FOLK ART	HARVEST
MOORISH REVIVAL	MURAL	OSCAR HOWE
SCHULTZ	WOODEN CASTLE	WORLD'S ONLY

Car Games

```
G S O Z O B W C D J M Y R Z J
O O G I T R U T H O R D A R E
R E V E I E V A H R E V E N K
E M A G T E I U Q R L D Q Q P
S N O I T S E U Q Y T N E W T
T E B A H P L A M F I M A E S
R S E D A R A H C Y E D H N O
V C P Y K C E A E H Y K F Q D
E V T E W G W D Y B P M P N S
R A I N D R O P R A C I N G V
Y K Q V I A D N B N Z P W M T
M D L I C E N S E P L A T E E
S Z T E I W V S Y P S I U P F
S K N A R P U N C H B U G G Y
T N R C Z U M A D L I B S B T
```

ALPHABET	CHARADES	I SPY
LICENSE PLATE	MAD LIBS	NEVER HAVE I EVER
PRANKS	PUNCH BUGGY	QUIET GAME
RAINDROP RACING	TRUTH OR DARE	TWENTY QUESTIONS

Welcome to North Dakota

Across

1 Small German town on the Dakota prairie.

2 State flower of North Dakota.

4 Capital of North Dakota.

9 32-mile stretch of road decorated by sculptures.

10 The world's largest Holstein cow statue.

11 Home of the National Buffalo Museum.

Down

1 North America's largest Scandinavian festival.

3 Winter home of the Lewis & Clark expedition in 1804.

5 Hub for 19th-century fur trading.

6 State tree of North Dakota.

7 Lakota spiritual leader initially buried at Fort Yates.

8 Largest natural body of water in North Dakota.

Maah Daah Hey Trail

```
L H E L P O E P N A D N A M Q
Y O O T U I N V I P M W O Y M
V A V R P D U S T E I U G F O
I S N S S D F H D X N T D J N
C I F P D E O O X T U F S Z S
E Q Q I H N R M A R V S S P O
C I Z I D A A I T T E B A A T
A A H A B I N L D V J D P G U
V Q B T C B E N D I G S S O R
E Y T X I Z N L E A N I L L K
S P K K W X E W D P B G I A E
K Z I X Z I S Y E Z W G V F Y
E N W O L F T R A I L Q E F S
G R A M R S E T O Y O C D U M
Y T O D W X J F U N Q M T B H
```

BADLANDS	BUFFALO GAP	COYOTES
DEVIL'S PASS	HORSE RIDING	ICE CAVES
MANDAN PEOPLE	MEDORA	MOUNTAIN BIKING
TURKEYS	TURTLE	WOLF TRAIL

Theodore Roosevelt Nature & History Association

```
S  N  O  I  L  N  I  A  T  N  U  O  M  A  R
R  E  C  O  E  J  P  K  O  K  R  O  N  F  S
E  L  K  Y  U  F  A  N  U  X  W  W  V  H  G
G  Z  U  J  W  L  P  N  O  S  I  B  M  K  D
N  L  Y  G  R  R  T  I  Z  W  S  Y  N  I  N
A  B  J  U  O  M  V  D  X  R  F  H  U  K  H
R  D  H  F  P  D  R  N  O  R  S  A  K  L  T
R  C  I  N  K  Q  J  A  G  O  U  D  I  A  C
O  T  H  J  W  E  F  E  Y  E  N  X  E  W  J
I  N  O  I  T  A  V  R  E  S  E  R  P  D  D
N  P  U  B  L  I  C  L  A  N  D  S  C  R  B
U  N  O  I  T  A  V  R  E  S  N  O  C  I  K
J  P  L  K  E  F  T  L  N  R  S  T  Z  B  T
E  G  U  F  E  R  E  F  I  L  D  L  I  W  H
N  T  C  A  S  E  I  T  I  U  Q  I  T  N  A
```

ANTIQUITIES ACT	BIRD WALK	BISON
CONSERVATION	ELK	JUNIOR RANGERS
MOUNTAIN LIONS	NONPROFIT	PRESERVATION
PUBLIC LANDS	USFS	WILDLIFE REFUGE

Places to Stay

```
L T K Q I L M U H T H V V T F
O Y B E E K X G N S A C I R N
C K D T F E U E T O A U S X K
O R O E P N T Y P M H L O O T
K M N Q O I Q Y P R S N N N N
L I X R C B A E I S G Y N U E
E L B C T A R D F W A A C W M
T N X S P C R K Z E Y M I U T
O Q M R H T E O O C Y N U X R
H J M X P E S U O H N V K O A
H J A B H P O S V B N R L Z P
X J J V T H R G P Y U D U G A
A Z O V R L T H O S T E L O J
T S A F K A E R B N D E B K G
D B M J E V I F E E L B Z Z P
```

APARTMENT	BED 'N' BREAKFAST	CABIN
CAMPER	HOSTEL	HOTEL
HOUSE	INN	MOTEL
RESORT	RV	TENT

Midwestern Music and Cultural Festivals

Mark the correct box where the regional cultural event takes place.

1. The Bristol Renaissance Faire in ____ was rebranded from King Richard's Faire in 1988. This event recreates Queen Elizabeth I's visit to the English city of Bristol in 1574.

- ☐ A. Green Bay, WI
- ☐ B. Madison, WI
- ☐ C. Kenosha, WI
- ☐ D. Appleton, WI
- ☐ E. Milwaukee, WI

2. Forecastle in ____ is a three-day festival that brings together music, art, and activism at Waterfront Park. The name is derived from the nautical term for the upper deck of a sailing ship.

- ☐ A. Louisville, KY
- ☐ B. Lexington, KY
- ☐ C. Frankfort, KY
- ☐ D. Somerset, KY
- ☐ E. Covington, KY

3. The annual Swedish Days Midsommar Festival in ____ spans six days in June. Originating in 1949, this festival offers culturally inspired food, rides, craft shows, and music in celebration of Swedish heritage.

- ☐ A. Chicago, IL
- ☐ B. Peoria, IL
- ☐ C. Rockford, IL
- ☐ D. Geneva, IL
- ☐ E. Champaign, IL

4. 80/35 is a multiday music festival held in ____ and named after two prominent interstates that intersect nearby. It offers a unique blend of regional and local acts as well as art, food, beverages, and shopping.

- ☐ A. Cedar Rapids, IA
- ☐ B. Davenport, IA
- ☐ C. Des Moines, IA
- ☐ D. Ames, IA
- ☐ E. Dubuque, IA

5. The Irish Fair of Minnesota is hosted in Harriet Island Regional Park in ____. Celebrating Irish traditions, its proceeds benefit the local Irish cultural communities.

- ☐ A. Minneapolis, MN
- ☐ B. Duluth, MN
- ☐ C. St. Paul, MN
- ☐ D. St. Cloud, MN
- ☐ E. Bloomington, MN

6. The Black Hills Pow Wow in ____ has the theme "Come Dance with Us" in an effort to create a welcoming environment for all to enjoy the song and dance of Great Plains indigenous people.

- ☐ A. Sioux Falls, SD
- ☐ B. Pierre, SD
- ☐ C. Aberdeen, SD
- ☐ D. Rapid City, SD
- ☐ E. Watertown, SD

7. The Native American Festival in ____ offers the sounds of drums, dances, and food developed over generations. It opens a window to the rich culture of the Anishinaabe people on the grounds of the Museum of Ojibwa Culture.

- ☐ A. Grand Rapids, MI
- ☐ B. St. Ignace, MI
- ☐ C. Detroit, MI
- ☐ D. Ann Arbor, MI
- ☐ E. Warren, MI

8. The Hunting Moon Pow Wow in ____ brings together a wide range of Native American cultures. Attendees are able to exchange vibrant history and traditions with one another while also connecting to non-Native people.

- ☐ A. Eau Claire, WI
- ☐ B. Appleton, WI
- ☐ C. Milwaukee, WI
- ☐ D. Kenosha, WI
- ☐ E. Madison, WI

Scandinavian Heritage Park

```
B H L K S L C E H X C W V V R
I C J J P G P S S E E P V N H
O R G M G O N D N A L N I F H
B U O D N A L E C I X V X R M
V H C W K R U B B A T S D D E
O C L D K X C G O U V Z N A G
N E O M I O R E P S A C M L M
R V U Q A Q E Z S Z Q Z I A B
D A Y B R C X S A W P R W H P
E T M I E H R O N E R D N O S
N S J W I N D M I L L A R R B
M K N U U N O R W A Y C B S Z
A L E M N X U J Y S W E D E N
R X Y O O S Z N S I S U D K Z
K C F A N C E S T R Y F Q X V
```

ANCESTRY	CASPER OIMOEN	DALA HORSE
DENMARK	FINLAND	ICELAND
NORWAY	SONDRE NORHEIM	STABBUR
STAVE CHURCH	SWEDEN	WINDMILL

International Peace Garden

```
V S X N M W Y Z O L P C B U H
L R I R M I R S J Z R G O F I
S G H I K D O H N Y M N T L S
A N B A Q Q T C E L Z I A O T
Z I L C A H A H D E F H N W O
H E O N Q C V C R P K C I E R
T O O O C H R T A A Z A C R I
U N M I H C E A G H Q C A C C
N A E T I Q S W N C A O L L L
V C R A M T N A E E G E X O O
F N A C E P O V K C Y G T C D
W Y N I O A C O N A U O Y K G
E U G D R Z W L U E H S X S E
W I W E C Z A U S P P J S H M
G V Y D S N X B X M X Y J U A
```

BLOOMERANG	BOTANICAL	BULOVA WATCH
CANOEING	CHIME	CONSERVATORY
DEDICATION CAIRN	FLOWER CLOCK	GEOCACHING
HISTORIC LODGE	PEACE CHAPEL	SUNKEN GARDEN

Radio Stations of the Midwest

Match the radio station with its frequency.

1. ____ WNCY Country   *A. 94.9*

2. ____ KQDS Classic Rock   *B. 106.5*

3. ____ KCND Public Radio   *C. 100.3*

4. ____ KMJO Country   *D. 94.3*

5. ____ WYDR Classic Rock   *E. 90.5*

6. ____ KDKT Sports   *F. 104.7*

7. ____ WAKS Pop   *G. 97.5*

8. ____ WJXB Contemporary Hits   *H. 97.1*

9. ____ WVAZ R&B   *I. 96.5*

10. ____ WBVB Classic Rock   *J. 102.7*

Devils Lake

```
D W K C D O J Z R W I E K E U
C D N A L S I S M A H A R G C
Y A E G N I T N U H E S C V D
B N A Z P S I L S P R S M J E
I S C K Y W Q R A E I A R Y E
H M G T Q M A R P T T B Y Q K
M F L O O D I N G O A E R H A
S N O W S H O E I N G T A L L
I C E F I S H I N G E I L R T
J S L I A R T I K S C H B Y I
P L J Z M I Z W K A E W D C R
K E E R C W O R C E N A Y K I
Q M L Z D C A V Q L T G R B P
L A T I P A C H C R E P D N S
S G X R D H W H V E R E O I Z
```

CROW CREEK	FLOODING	GRAHAMS ISLAND
HERITAGE CENTER	HUNTING	ICE FISHING
PERCH CAPITAL	SKI TRAILS	SNOWSHOEING
SPIRIT LAKE	WAHPETON	WHITE BASS

Fargo Air Museum

```
Y K W A H L A B O L G O Q C T
E C N A S S I A N N O C E R Q
R E Y L F T H G I R W Z B H H
J D T A L K I N G T R A I L S
L T Q A D O K B S P V M Y T R
K K C R E S T O R A T I O N G
S H Z Z D U G G Y C W H J L F
R W R I G H T B R O T H E R S
Y R A R B I L N O I T A I V A
T Z K P X E A H R E Z U I P C
N Y Z V Z K I T T Y H A W K T
R E T P O C I L E H Y E U H W
N I G J Q N M L V U Q T U Q F
E F S C A V E N G E R H U N T
T Y O D R I B R A W N C C X W
```

AVIATION LIBRARY	DUGGY	GLOBAL HAWK
HUEY HELICOPTER	KITTY HAWK	RECONNAISSANCE
RESTORATION	SCAVENGER HUNT	TALKING TRAILS
WARBIRD	WRIGHT BROTHERS	WRIGHT FLYER

Minnesota

Across

3 Capital of Minnesota.

5 The "Lutefisk Capital" of the United States.

8 Home of the Mall of America.

9 State park on the shore of Lake Superior.

11 World's largest network of indoor pedestrian pathways.

12 Home of the world's largest Paul Bunyan statue.

Down

1 Possible record left by Viking explorers.

2 State fish of Minnesota.

4 One of the world's largest open-pit mines.

6 Park named after a fictional Native American woman.

7 Home of the Mayo Clinic.

10 Oldest state park in Minnesota.

Car Misadventures

```
W Q W H E S K A E L L I O J D
N C O O L A N T L E A K Q G U
L O C K E D O U T K J M L H D
G T E K C I T G N I D E E P S
P W F N O F D U P W M W N N D
P W S T U C K I N S N O W K E
P X V G H Z A N K J T C R G A
R M D E L L A T S S Z W N S D
J Q U B L K P L O O X K A W B
O N B D B F C V H N W G G X A
R B M I E N O U Z G O N J C T
D E A D A L T E R N A T O R T
E R I T T A L F H H Q Q X Z E
K J Z A N Y C U S B L E Y A R
H Y S T U C K I N M U D R N Y
```

COOLANT LEAK	DEAD ALTERNATOR	DEAD BATTERY
FLAT TIRE	LOCKED OUT	NO GAS
OIL LEAK	SKID	SPEEDING TICKET
STALLED	STUCK IN MUD	STUCK IN SNOW

Voyageurs National Park

```
P  F  V  L  P  A  U  V  V  K  M  V  Y  N  C
D  E  Y  R  A  I  N  Y  L  A  K  E  Q  Q  D
U  I  W  U  X  B  U  N  B  A  S  S  F  O  J
V  F  L  N  O  T  S  R  A  M  P  M  A  C  W
U  M  Q  G  A  R  R  E  T  T  C  A  B  I  N
F  U  J  I  T  A  C  A  B  I  N  V  G  E  N
O  M  J  F  T  V  T  B  R  H  S  V  P  T  N
J  E  G  D  O  L  D  O  O  W  D  A  E  M  G
I  X  S  Y  A  W  H  G  I  H  R  E  T  A  W
B  J  A  C  Q  U  E  S  D  E  N  O  Y  O  N
W  I  K  D  S  B  U  E  K  Y  T  C  O  L  C
E  T  A  T  S  E  L  L  O  S  R  E  G  N  I
F  J  K  E  T  T  L  E  F  A  L  L  S  G  M
Z  R  V  I  E  D  A  R  T  R  U  F  M  N  C
N  I  B  A  C  N  I  V  E  L  U  S  H  K  Z
```

CAMP MARSTON	FUJITA CABIN	FUR TRADE
GARRETT CABIN	INGERSOLL ESTATE	JACQUES DE NOYON
KETTLE FALLS	LEVIN CABIN	MEADWOOD LODGE
OJIBWE	RAINY LAKE	WATER HIGHWAYS

Minnehaha Falls

```
E  T  O  P  E  D  S  S  E  C  N  I  R  P  N
R  S  S  T  O  N  E  B  R  I  D  G  E  C  X
L  O  N  G  F  E  L  L  O  W  P  R  G  V  X
D  N  A  L  E  V  E  L  C  E  C  A  R  O  H
T  S  C  H  P  K  K  N  D  Z  E  I  Y  V  M
H  R  F  O  R  T  S  N  E  L  L  I  N  G  A
U  Q  K  E  N  O  T  S  E  M  I  L  T  A  S
N  U  G  I  L  Q  U  A  R  R  Y  W  N  D  A
P  S  K  Z  B  D  A  M  H  C  S  K  R  K  J
M  I  S  S  I  S  S  I  P  P  I  P  A  R  K
R  S  O  N  G  O  F  H  I  A  W  A  T  H  A
L  E  G  M  C  C  T  D  O  T  I  F  J  O  R
P  H  W  Z  I  X  U  O  I  S  X  U  S  A  N
D  E  L  A  H  S  D  O  O  W  N  E  L  G  R
U  Q  E  N  Y  A  W  Y  B  C  I  N  E  C  S
```

FORT SNELLING	GLENWOOD SHALE	HORACE CLEVELAND
LIMESTONE	LONGFELLOW	MISSISSIPPI PARK
PRINCESS DEPOT	QUARRY	SCENIC BYWAY
SIOUX	SONG OF HIAWATHA	STONE BRIDGE

Chatty Belle

```
O  W  A  W  C  E  Q  J  S  R  A  G  T  D  S
Y  Y  E  L  W  O  R  C  S  J  X  I  Y  K  G
B  G  R  A  S  S  L  A  N  D  D  A  I  R  Y
W  A  I  W  T  F  I  B  E  R  G  L  A  S  S
M  O  R  E  E  C  E  L  E  B  R  I  T  Y  G
H  N  C  L  E  T  G  A  M  H  V  T  D  S  I
P  O  H  G  F  T  R  I  A  F  D  L  R  O  W
P  I  P  O  N  H  O  L  S  T  E  I  N  Z  O
X  L  U  P  E  I  H  A  H  A  R  T  L  N  N
T  I  Q  C  E  V  K  G  M  F  I  S  S  V  T
P  V  W  M  T  R  N  L  J  Z  Q  J  B  U  E
G  A  L  D  X  H  I  F  A  Q  N  G  Z  G  L
W  P  V  D  I  P  Y  U  M  T  Y  D  F  Y  L
Y  A  J  M  S  D  F  N  B  H  N  Q  D  G  U
G  E  T  I  R  O  V  A  F  L  A  C  O  L  B
```

BULLET	CELEBRITY	CROWLEY
FIBERGLASS	GRASSLAND DAIRY	HARTL
HOLSTEIN	LOCAL FAVORITE	PAVILION
SIXTEEN FEET	TALKING COW	WORLD'S FAIR

Things That Make You Miss Home

```
A H O L I D A Y S M X E C X B
I L G B R X H S E E X C G S P
F F G F L M D Y D P F N U V G
A Y K Q X N O J L B I P I D Y
N F L I E X O A L K L F R X D
G V J I F J Y Y O T O A B N U
N G R A M G Q O E E Y A S E J
I F K B R A C Q T K J T P I F
I J O O D E F Y C Q E D A G Z
D A U C M J Q A U P W Y E H T
W N W O R K B O N F G D Q B D
D R H R E F B N L S V F U O U
F D E M P J T J J C J U B R L
H E K S H O T S H O W E R A L
J L F O T N D Z E D V O N G E
```

BACKYARD	BED	FAMILY
FRIENDS	HOLIDAYS	HOME COOKING
HOT SHOWER	NEIGHBOR	PETS
PLAYGROUND	REST	WORK

Answer Key

Iowa

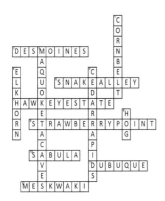

Effigy Mounds

Wisconsin

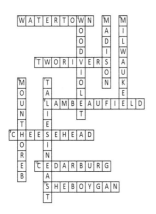

Travel Companions

Answer Key

Wisconsin Historical Museum

Old World Wisconsin

Jewish Museum Milwaukee

Engine Parts

Answer Key

Illinois

Morton Arboretum

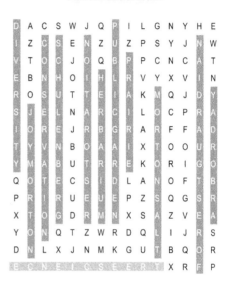

Chicago Sports

Traveling Songs

1. C
2. A
3. G
4. E
5. J
6. D
7. F
8. I
9. H
10. B

Answer Key

Chicago Curiosities

```
T Q M L B H S K R P H L G M C
A V X G B G P T W I N K I E K
S I C A A R E P O P A O S D V
T W E S T E R N A V E N U E C
E I J B T N I A P Y A R P S P
O N F U G Y X S F M L Z T Y S
F X R E V I R O G A C I H C K
C D A N I E L W I L L I A M S
H T Z P O K R A P Z O P D Z T
I V D C A G R R W A O D Q Y Y
C R K L U O B L O O D B A N K
A S Y T I C M A H T O G C W F
G R U O M Y E S D E Z Y A V S
O P R E W O T S I L L I W Q W
J Y U A S H R C S R U A Q R X
```

Chicago Music and Arts

```
S A V S F K H Y D E P A R K D
O T V R N R R X V U F S C P H
U T E E O A N F T I Y O O C E
L U J T I P W N H J W X A I A
M N V A T E Q A O P X J F S R
U M J W A R Y V M S K Y Z U T
S I X Y R O M U A O T N P M S
I I J B D G M V N S W U J F E
C E L D I R R L D J O F G S I
J Z U U M E Z K O S I C J U S
J W E M T V K X R A J M S O T
A A S N A E N N S O R A W H R
Z N K M E N C V E R T A G E I
Z J R V R L I X Y Y Z N X I C
J V W A G B O L E P S O G S T
```

Chicago Museums

```
D P D M W L L W W C W S O B W
M E T U W U L M N Y J H H M A
U G U I X U I C K P W E I E R
E G Y R D V N U B Z R D S X T
S Y R A U H C I F W I D T I I
U N A T S N O Q I Q T A O C N
M O R E A G L X E H E Q R A S
N T O N B J N W L C R U Y N T
G E P A L M P R D T S A M A I
I B M L E N A W M V M R U R T
S A E P E I R U U K U I S T U
E E T T X A K W S Q S U E V T
D R N W G Y Z D E W E M U Q E
M T O K S H O V U D U W M A V
J A C P L Z O Y M T M M I I G
```

Things to Do in the Car

```
O F S A G M I M E U O G S O V
K X S I N G I N G Z R L E H W
V M M M G O Y M X R E A D Y C
Y E R U H H C G X E F V V J S
G U V W S O T C P C N E O D G
E B M O V I E S Z G I V R F T
O V G K G V C T E S R E F J E
I P T S A C D O P E K Y F N T
Z M T L J H L Y L C U V X Z A
W J Y M J R U Y I K R F K C E
M H N P V I P B S R L F C A Z
X F O R W M A D P N M A V V X
F C J T F B G F J O F K T S Y
C G S E H T O L C E G N A H C
N F C B P N U N J D T P L R X
```

Answer Key

Chicago Food

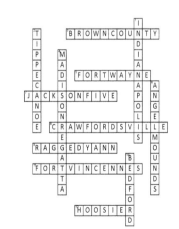

F	E	E	B	N	A	I	I	A	I	I	Q	C	O	J
H	K	A	K	C	A	I	R	E	K	C	A	R	C	D
L	T	W	I	N	K	I	E	J	I	U	X	Y	O	N
F	H	S	I	D	R	E	E	D	Y	U	Q	K	I	R
F	R	I	E	D	C	H	I	C	K	E	N	X	J	R
E	A	P	R	X	K	Q	M	S	C	S	N	D	C	D
Q	Q	J	Q	M	U	G	S	Y	E	L	G	I	R	W
O	N	R	O	C	P	O	P	T	I	E	R	R	A	G
E	I	F	F	S	C	U	L	G	C	Q	R	W	H	H
V	Z	T	R	D	R	I	B	A	R	T	Q	R	D
Y	R	O	F	M	A	L	O	R	T	Z	N	H	K	Q
P	A	W	X	S	Z	E	N	L	Y	C	Q	F	L	X
H	S	J	E	N	O	C	W	O	B	N	I	A	R	O
E	U	C	E	B	R	A	B	H	O	T	D	O	G	L
A	W	W	L	X	J	U	B	A	B	Y	D	F	Z	Z

Famous Chicagoans

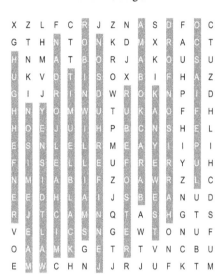

X	Z	L	F	C	R	J	Z	N	A	S	D	F	O	C
G	T	H	N	T	O	N	K	D	M	X	R	A	C	T
H	N	M	A	T	B	O	R	J	A	K	O	U	S	U
U	K	V	D	T	I	S	O	X	B	I	F	H	A	Z
G	I	J	R	I	N	D	W	R	O	K	N	P	I	D
H	N	Y	O	M	W	U	T	U	K	A	O	F	F	H
H	O	E	J	U	I	H	P	B	C	N	S	H	E	L
E	S	N	L	E	L	R	M	E	A	Y	I	I	P	I
F	I	S	E	L	L	E	U	F	R	E	R	Y	U	H
N	M	I	A	B	I	F	Z	O	A	W	R	Z	L	C
E	E	D	H	L	A	I	J	S	B	E	A	N	U	D
R	J	T	C	A	M	N	Q	T	A	S	H	G	T	S
V	E	L	I	C	S	N	G	E	W	T	O	N	U	F
O	A	A	M	K	G	E	T	R	T	V	N	C	B	U
E	M	W	C	H	N	J	J	R	J	U	F	K	T	M

Indiana

Crossword solution:

- BROWNCOUNTY
- FORTWAYNE
- JACKSONFIVE
- CRAWFORDSVILLE
- RAGGEDYANN
- FORTVINCENNES
- HOOSIER
- TIPPECANOE (down)
- MADISON (down)
- INDIANAPOLIS (down)
- ANGEL (down)
- MOUNDS (down)
- INDFORD (down)
- BEDFORD (down)

Attractions Along the Way

U	V	L	M	A	I	I	W	A	R	I	N	A	F	P
B	O	K	O	O	I	R	E	V	O	K	T	D	A	Q
T	O	E	F	W	K	F	S	Y	U	V	C	F	R	P
H	H	M	B	X	G	X	Z	W	O	N	O	T	M	L
T	E	E	G	B	Q	B	W	N	C	K	N	T	E	N
O	O	A	M	I	F	K	P	E	A	V	C	T	R	Q
R	F	I	N	E	C	E	M	O	G	L	E	W	S	T
W	V	S	R	Z	P	S	P	L	E	Y	R	C	M	V
P	E	H	X	A	P	A	L	Q	K	Y	T	F	A	D
N	I	S	V	K	P	U	R	T	Y	X	E	X	R	R
S	M	M	U	E	S	U	M	K	H	Q	V	R	K	I
U	K	F	X	O	K	U	Q	C	F	A	N	B	E	V
J	B	C	I	K	R	A	P	R	E	T	A	W	T	E
P	L	A	Y	G	R	O	U	N	D	M	W	E	N	I
F	A	R	R	O	Y	N	I	O	C	B	D	H	M	N

Answer Key

Indiana Dunes

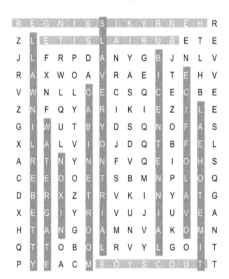

Michigan

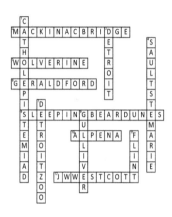

Gerald Ford Museum

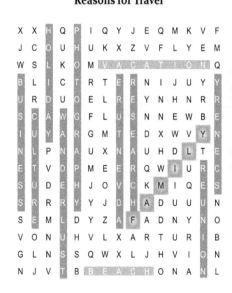

Reasons for Travel

Answer Key

Mackinac State Historic Parks

```
J  P  H  G  F  O  R  T  H  O  L  M  E  S  U
R  H  K  R  A  P  Y  R  E  V  O  C  S  I  D
S  F  O  R  T  M  A  C  K  I  N  A  C  K  X
W  W  Y  U  R  L  U  A  V  V  G  C  X  N  Z
W  W  X  N  O  R  U  H  E  K  A  L  S  S  M
G  N  I  D  N  A  L  H  S  I  T  I  R  B  M
N  A  B  R  A  C  B  I  M  M  G  M  V  U  Z
E  S  U  O  H  E  L  D  D  I  B  C  D  O  F
F  J  W  K  P  T  J  T  H  U  K  F  E  F  N
I  I  K  V  V  E  V  A  C  L  U  K  S  D
U  D  H  C  R  U  H  C  N  O  I  S  S  I  M
V  K  C  O  R  H  C  R  A  R  L  F  T  M  N
R  J  N  C  O  L  O  N  I  A  L  I  U  W  Y
J  T  M  I  L  L  C  R  E  E  K  J  G  U  K
E  T  M  J  K  C  A  Q  F  R  C  M  Q  D  D
```

Henry Ford Museum

```
X  S  T  E  A  M  E  N  G  I  N  E  N  J  L
J  X  G  L  M  X  C  I  N  A  T  I  M  F
W  K  F  E  A  O  R  N  A  M  E  N  T  S  W
L  H  I  N  D  U  S  T  R  I  A  L  I  S  T
Z  N  O  S  I  D  E  S  A  M  O  H  T  F  A
X  A  Q  M  C  Y  N  S  G  D  W  X  Q  N  I
R  O  T  G  A  R  T  N  O  S  D  R  O  F  Q
T  U  K  C  T  R  R  E  D  T  I  R  E  B  O  R
F  T  U  T  T  S  N  I  N  O  S  I  D
Z  D  F  L  I  B  O  M  R  E  N  E  I  W
Z  E  L  I  B  O  M  O  T  U  A  O  P  O  V
Q  X  Q  A  J  K  Z  B  I  B  K  Y  P  V  W
D  T  U  E  L  L  L  A  I  R  Q  G  Z  G  Q
E  L  C  Y  C  I  R  D  A  U  Q  S  I  R  I
I  J  T  D  B  U  R  O  S  A  P  A  R  K  S
```

Ohio

Road Trip Hangman

1. Automobile

2. Road Trip

3. Destination

4. Scenic View

Answer Key

Cleveland, Ohio

```
A C C M U A X E P C W E B O I
V U X O D C A M Z I E R Q I Z
E L B S D H J E S N S O Y X B
N T I E V R H N D I T C I I B
G U T S D I U I O L S K D K Z
E R A C G S F N H C I A F E G
R A R L D T O B O N D N S E I
S L T E G M R L B S E D A W L
A G S A R A E A U P M R Y N I
T A E V I S S C T B A O A O B
D R H E N S T K L D R L R I Q
O D C L E T C I K F K L C H W
S E R A O O I Q W L E R A S K
U N O N N R T I X W T F D A F
R S Q D J Y Y X K K G P E F I
```

Cuyahoga Valley National Park

```
T V D J H Y R L G C Z X L X E
A R Q C Y O W N F M J E O D Q
W Y A N D O T X W K B O B T L
E L E N A P E N A T I O N Q V
S J P E K R S G O C X Q E P O
T O W P A T H T R A I L Z C L
I L A V I T S E F K L O F N A
L L A D N E K D R A W Y A H N
U M Y A W L I A R Y E L L A V
G N I H C T A W D R I B T Z Z
T F C E E H A L E F A R M N K
U Z C B O S T O N M I L L I V
L A N A C E I R E X H U Z Q Q
B R A N D Y W I N E F A L L S
H G C M O S E S G L E E S O N
```

Yoder's Amish Home

Car Complaints

108

Answer Key

Vintage Baseball

National Underground Railroad

O	H	Y	C	M	C	V	X	P	Y	L	V	K	N	J
H	R	J	S	C	I	N	D	H	F	K	R	A	L	Z
F	A	M	I	L	Y	S	E	A	R	C	H	N	S	L
N	A	M	B	U	T	T	E	I	R	R	A	H	Y	J
I	D	A	B	W	E	L	L	S	Q	I	S	P	D	T
N	O	I	T	I	L	O	B	A	I	Y	G	H	W	C
Z	T	T	A	D	L	A	S	L	K	Y	D	Z	R	A
O	K	H	X	G	N	I	K	C	I	F	F	A	R	T
P	I	S	R	H	R	F	U	G	I	T	I	V	E	Y
R	E	T	N	E	C	N	O	I	T	C	U	D	E	
F	R	E	E	D	O	M	S	T	A	T	I	O	N	P
Y	F	D	C	I	V	I	L	W	A	R	I	U	P	E
Q	N	Q	Q	U	A	K	E	R	S	I	R	V	Y	P
S	U	I	T	E	F	O	R	F	R	E	E	D	O	M
O	X	E	D	A	R	T	E	V	A	L	S	J	R	F

Kentucky

Pets to Take Along

109

Answer Key

Mary Todd Lincoln House

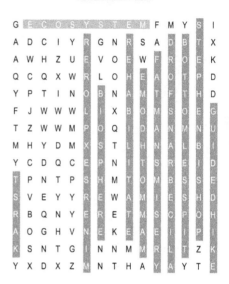

Mammoth Cave

Churchill Downs

Cooler Brands

Answer Key

Indiana State Museum

U X R W W T Y L L T C E E D
M W F H O O S I E R U J L Z K
P T J O E G P X D O V T L A J
C O U N T Y W A L K V R V A N
V Y R E L L A G D R O F R H V
H K U K O E N D M G P A K O T
K J T A H Y T I C H S Q C D
R E T A S H T Y C A G E B P
A F D J W P G Q Y O O G O I A
H A R O L D H A N D L E Y U L
K R A P R E V I R E T H W X
Y R O T S I H L A R U T L U G
T C G K P L I M U S U D N E P
N A T U R A L H I S T O R Y U
L T Z T E A R O O M S Q L F T

Lincoln Home National Historic Site

R S R U O T L A U T R I V G I
S E P N L O C N I L E D D E
T N L O C N I L E R E B O R Z
E E Z G U R H W L L X O F K G
V N L O C N I L M A H A R B A
K Q L A V I V E R K E E R C
F R E A D M I S S I O N S F
S N E E B M O L N L O C N I
B E C O X X K P K M E U E I M
J T V P K P E M Z R V F C T G
C A M P A I G N M T C L S F I
G N Z J U G Y C N N J Z E K H
W E O I D L O N R A Y K G G W
T S V S L R M S Z U E E S X Q
H M W K J G O X A H V D Q B W

Missouri

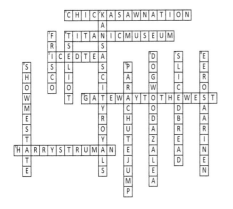

Decode the Vanity Plate

1. Never Late
2. Calculate
3. Excuse Me
4. Accelerates
5. Wait for Me!
6. Endless Summer
7. Be Nice to Us
8. Creative

Answer Key

St. Louis, Missouri

```
L  I  N  G  L  C  C  A  R  D  I  N  A  L  S
R  T  E  D  D  R  E  W  E  S  C  Q  O  L  V
I  O  O  Z  S  I  U  O  L  T  S  V  Z  U  Q
O  R  M  J  L  A  Q  K  T  S  E  L  I  O  T
Y  T  I  C  D  N  U  O  M  V  J  F  P  N  T
U  A  E  T  U  O  H  C  E  T  S  U  G  U  A
S  D  Z  P  A  G  N  L  T  G  A  W  V  O  X
W  S  T  E  A  M  B  O  A  T  R  Z  L  B  F
F  C  I  T  Y  M  U  S  E  U  M  R  D  Y  G
D  A  D  A  W  O  R  L  D  S  F  A  I  R  E
E  D  E  L  C  A  L  E  R  R  E  I  P  W  V
L  L  A  O  N  A  M  A  I  K  B  Z  I  C  W
X  I  P  P  I  S  S  I  S  S  I  M  G  C  O
D  X  I  S  I  U  O  L  G  N  I  K  B  Z  C
Z  G  C  K  U  F  I  L  G  W  P  G  L  B  K
```

Gateway Arch National Park

```
A  C  G  M  I  M  W  S  R  U  O  T  P  O  T
G  Y  M  V  J  V  E  F  U  E  P  T  N  O  W
P  T  E  T  D  T  S  D  U  S  K  A  R  P  K
H  Y  M  E  K  I  T  R  H  U  A  K  O  L  R
C  R  O  E  A  R  E  E  C  O  N  B  N  C  A
R  A  R  R  L  I  X  D  R  H  J  A  I  Q  L
A  T  I  O  L  P  P  S  A  T  V  E  M  R  C
Y  N  A  S  Z  S  A  C  T  R  P  J  A  I  D
R  E  L  A  H  R  N  O  S  U  S  X  I  G  N
A  M  S  A  L  E  S  T  E  O  G  J  N  T  A
N  U  R  R  G  E  I  T  L  C  X  Z  I  T  S
E  C  G  I  B  N  O  Z  L  D  G  H  G  Q  I
T  O  X  N  G  O  N  X  A  L  T  X  R  B  W
A  D  X  E  K  I  Y  I  T  O  O  Y  I  N  E
C  O  M  N  O  P  I  K  X  T  T  Y  V  A  L
```

Daniel Boone Home

```
L  T  Z  A  I  G  R  I  S  T  M  I  L  L  I
Y  P  W  R  E  I  T  N  O  R  F  J  B  L  K
Z  P  G  E  O  R  G  I  A  N  S  T  Y  L  E
G  O  X  M  E  A  C  A  A  W  K  Q  T  R  G
L  E  P  A  H  C  E  C  A  E  P  D  L  C  O
J  W  I  N  E  C  O  U  N  T  R  Y  V  C  F
F  Y  V  O  N  T  K  J  E  E  N  W  A  H  S
H  F  O  L  K  H  E  R  O  S  F  O  Z  U  P
A  R  E  B  E  C  C  A  B  O  O  N  E  T  I
R  L  M  E  F  Z  I  P  F  M  W  E  G  O  E
M  K  R  A  P  D  O  O  W  N  E  D  N  I  L
T  H  T  I  Z  P  L  Z  Q  W  L  O  I  E  K
S  X  X  N  T  L  O  N  G  R  I  F  L  E  S
P  W  N  A  T  H  A  N  B  O  O  N  E  R  A
I  V  D  X  B  I  G  T  U  R  T  L  E  T  I
```

Books for the Road

```
G  N  M  B  Z  M  E  V  I  A  D  N  K  L  S
R  I  Z  M  I  A  A  X  S  G  D  W  V  V  S
H  Z  Q  G  N  M  T  D  N  Z  I  O  F  A  O
E  W  S  K  T  O  P  P  T  S  P  D  O  G  N
L  H  S  I  O  V  R  H  H  Y  F  P  N  A  J
L  E  H  W  T  E  A  S  E  A  O  I  T  B  L
O  R  O  J  H  A  Y  F  A  W  E  H  H  O  H
A  E  E  R  E  B  L  U  L  H  F  S  E  N  A
M  S  L  T  W  L  O  W  C  G  I  R  R  D  U
E  W  K  E  I  E  V  S  H  I  L  E  O  I  R
R  A  Z  C  L  F  E  W  E  H  G  T  A  N  F
I  L  C  U  D  E  S  I  M  E  Q  A  D  G  S
C  D  B  Y  V  A  D  L  I  U  O  W  N  V  U
A  O  D  V  X  S  L  D  S  L  D  W  H  I  M
V  Q  Y  Q  U  T  T  K  I  R  C  D  V  T  L
```

Answer Key

Nuclear Waste Adventure Trail

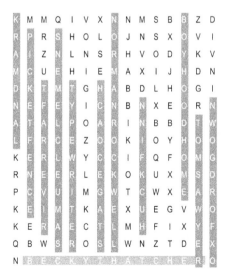

Midwestern College Tour

1. K
2. F
3. J
4. B
5. I
6. C
7. E
8. L
9. D
10. G
11. A
12. H

Mark Twain Home

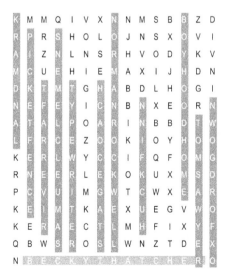

Things to Pack

Answer Key

Becky's Ice Cream & Emporium

```
F E O L D F A S H I O N E D R
A G G M J E K I G S Q R A I Z
E G F N V R N I P T V Y D K G
M I L K S H A K E B V B N V F
J D J D L A B I N N A H U N J
E F I R K G I Q Z Z T Y S Z H
E S K O O B S N E R D L I H C
W P J V L D R A R E B O O K S
S X N M D X S N G I S N I T S
U W E M S I C N L W M T D P K
O L A U R A H A W K I N S E G
N O S T A L G I C C A N D Y X
P A Y P O H S K O O B J V Z L
P A R L O R M U S I C H C T W
L F T Y R R E B E L K C U H R
```

Lake of the Ozarks

```
M A N M A D E O K T Y Z S Z I
C A O C K S F C J L G W G G R
F O U R T H O F J U L Y Z J D
V Q D L I A R T C I T A U Q A
J S T A R K C A V E R N S W A
P P Z E P A A Y S J O R X P K
D K M P W O B B L Y B O O T S
R Y G F M A G I C D R A G O N
R D X T E E R T S H P L A R Y
J S M A D L L E N G A B Q T W
V E V O C Y T R A P F H Z W N
U O S A G E R I V E R W O H O
G R G M C V Y J M S B B U P A
A Z O O L A P A U Q A N R Y G
L I L V L R E S E R V O I R L
```

Silver Dollar City

Hotel Chains

114

Answer Key

National World War I Museum

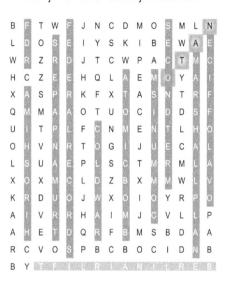

Harry S. Truman Library & Museum

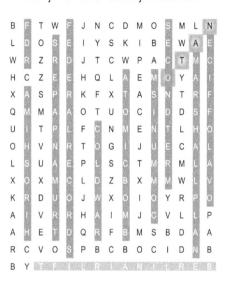

Nebraska

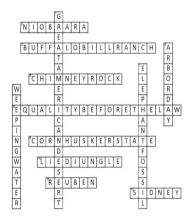

Road Trip Riddles

1. You were! In the beginning it says, "You are steering."

2. Because they were all married and not single.

3. The space that comes after the 64th spoke would be just before the first spoke, so there are 64 spaces.

4. No, it does not collapse. Because the truck has driven a half mile, you would subtract the gas used from the total weight of the truck.

5. A mountain

Answer Key

Lewis & Clark Trails

```
K B U J X D A C D H K L D P Q
R Z U V A E W A G A C A S G L
F V F L O R A A N D F A U N A
O S A G E O R A N G E U Y H R
P M O U N T A I N G O A T S U
N A T I O N A L T R A I L D P
O L D P G R E A T H A L L Y I
W V W L D I T C N E F P B L D
S G E U S G A U W W U O N V I
S S E G D O L H T R A E Z S F
B E N E U G O R I P E T I H W
A T A O B L E E K S Q C W O N
J S N R U B N E K D K B M N Z
N O I T I D E P X E A D S R M
E F F U L B E N O T S E M I L
```

Durham Museum

```
B U F F E T T S T O R E O S L
A N O S K R A L C P O H S I B
K Q X V E X O N U M I A Z E W
G C O L O N I A L C O I N D I
U N I O N S T A T I O N T N B
N A Z G B I G P B F V B Z A X
V A Q P R C P B X U R Q N R X
R A T S A H A M O Q T U V B A
W B Y R O N R E E D Y Z J E F
D M O D E L T R A I N S B P Q
P O M A H A A T W O R K Z J P
M A Z K J A Z B Z O R S J V K
G R A C T E E R T S M P I U D
C G K O U N T Z E T R A C T Z
U T P J Q Q W E L L K N M N E
```

Henry Doorly Zoo

```
C O N S E R V A T I O N Y G A
J W O E M L O A Y V N V E J D
U S B B V N X J F N T H W R V
Q F G C D O Q V R D Q G L Q E
D H C A E B Y A R G N I T S N
U B M C U J Z Z G G I S S P T
T O R G D Q P Y I W G C W G U
A Q U A R I U M V J J Y D S K R
F Q E C N E I C S E R O P S E
T O A N L O S T V A L L E Y T
I R A F Y K S H A B I T A T R
U B Q W N X S L Q B L R D X A
I X X H H S M K J F L R E Y I
D R R A C S A G A D A M I J L
F I N U T R A R E P L A N T S
```

Fast Food Restaurants

```
Q R E G R U B A T A H W K Y S
D G G J U Q E D B S F M M O Y
G I N O S L F X O W D V R H B
D V I C R H A R D E E S M L R
R X K M C D O N A L D S O L A
F S R F P R S M F V S X V D O
T E E J C K Q J J J Q C G Y G
Y Y G X F W E N D Y S J G H N
K E R M T G L U R W S T T I F
F P U R A J Z F A V A Q M S R
Y O B S C O B O J A N G L E S
I P D J E H P T J G B C J J Q
V O S N M T K M P S U B W A Y
Q A W N X B X G X Y U O M I Q
F L F R I F R O C A T E C J
```

Answer Key

Kansas

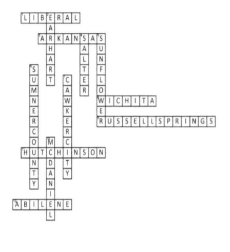

Oz Museum

Dwight D. Eisenhower Library

Cars Come in All Colors

Answer Key

Willa Cather Center

```
J B A E B K R E Z T I L U P L
O V O I A I N O T N A Y M O E
I V L W G W J O S M Z Q T H C
A O P E R A H O U S E Z V R Q
J F Y T R O L L G A R D E N M
D P N A F T H E S P E R I A N
S T H G I L I W T L I R P A Q
R J R E H T A C M A I L L I W
H I U Z H T E H E O R J Z K I
A Y Y A K N O P F I X C S E R
E D I T H L E W I S R I E O H
H J O N E O F O U R S I F S Y
N B G D X X R A I L R O A D G
Z A H P Q A H P W K U Y J R I
O F B B H M O W D S U U L K P
```

Scotts Bluff National Monument

```
M N R M I R V E K K M Y R F E
S O B A W O A M C T Z J W T A
L S E N P D S I I C F K S U U
I L G I O I Y G N A L M T G W
S I E F N R H R F S M I R M T
S W M E Y R P A E E I T A E N
O W N S E O A N N I Y C T A G
F O I T X C R T E T V H A P P
J R E D P L G B C I H E L A W
I D D E R I O O U E L C T Y
H O N S E A P G G Q P L Y E Y
G O Q T S R O Q I I X P H W H
L W O I S T T I L T W A N J H
W D R N D S C G O N P S Z G E
U U G Y J K O F I A T S U H T
```

Carhenge

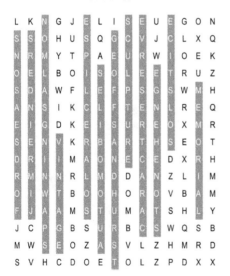

Things in the Trunk

118

Answer Key

South Dakota

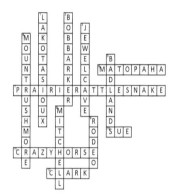

Wind Cave

Crazy Horse Memorial

Road Trip Math Puzzlers

1. 75 minutes

2. 10 hours and 19 minutes

3. 6 pieces

4. 4 hours and 2 minutes

5. 420 miles

Answer Key

Mount Rushmore

```
M I T P U M V L P T V S M M Q
Z N D Y D O H S P S N R U U W
C O C F P D Y Z P I O E L L A
B I W I T E E U L X S D G G S
T S K D I E C H X T N N R R H
K N X T E R N X R Y I U O O I
R A J U Q F E W M F B O B B N
O P E W A F D X O E O F N N G
O X F N G O N Z Z E R S O L T
S E F L M L E M L T E U Z O O
E I E O Z O P T X F N I T C N
V C R C Z B E A H C A D U N D
E L S N M M D M F H O R G I F
L B O I L Y N C O V D A R L R
T C N L K S I Z P F Q Z G G S
```

Midwestern Tasting Tour

1. E
2. G
3. B
4. C
5. A
6. H
7. J
8. D
9. K
10. F
11. L
12. I

Wall Drug Store

```
B S I V D F R E E W A T E R M
Q N K B E T I A R Z S K P O Y
F J P R P A R N E L U Y K H P
H S A O A G L I D P L R N S M
V U I N R S C I N J L E U H S
L K H T T D S R O N I L T O O
F Y Q O M R Y G W E V L S P Z
L Y F S E A O F E S A A O P E
P S C A N O B H D N N G N I N
B Z J U T B W U I A V T R N B
O U T R S L O S S H Z R J G U
K H Z U T L C T D H G A J M U
P Y M S O I Q E A P C N L A X
L W U F R B I A O A N X N L D
U O R C E G I D R B V W Z L D
```

Drinks to Pack

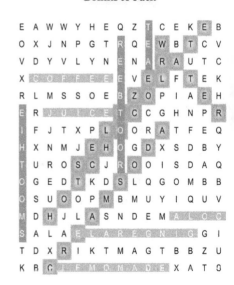

```
E A W W Y H E Q Z T C E K E B
O X J N P G T R Q E W B T C V
V D Y V L Y N E N A R A U T C
X C O F F E E E V E L F T E K
R L M S S O E B Z O P I A E H
E R J U I C E T C C G H N P R
I F J T X P L O O R A T F E Q
H X N M J E H O G D X S D B Y
T U R O S C J R O O I S D A Q
O G E D T K D S L Q G O M B B
O S U O O P M B M U Y I Q U V
M D H J L A S N D E M A L O C
S A L A E L A R E G N I G G I
T D X R I K T M A G T B B Z U
K B C L E M O N A D E X A T S
```

Answer Key

Badlands National Park

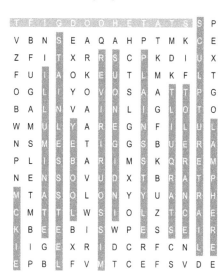

S	S	R	V	W	E	J	Z	C	I	E	K	E	Z	D
E	E	Y	N	J	W	V	M	E	T	E	L	E	C	P
C	D	I	S	O	K	A	U	A	R	P	I	H	E	S
N	I	X	I	M	J	P	R	O	O	W	E	E	R	M
A	M	L	T	Y	D	B	S	E	H	Y	H	E	U	W
D	E	E	N	S	E	I	P	I	E	S	D	I	W	O
T	N	P	A	T	O	A	T	N	N	A	R	P	T	T
S	T	H	R	N	R	E	N	R	E	E	I	C	V	W
O	S	E	J	A	R	E	O	T	H	N	L	Z	J	V
H	V	E	K	I	R	H	S	T	N	L	U	W	H	S
G	I	I	V	I	G	E	O	A	Q	Y	U	U	P	A
C	R	E	V	I	M	E	C	M	E	A	L	S	Z	O
A	R	E	B	O	L	L	A	C	I	S	O	K	A	M
L	R	X	H	A	E	L	H	L	H	M	R	N	W	U
M	N	G	P	S	A	J	A	N	R	O	I	R	I	H

Dignity Statue

T	F	I	G	D	O	O	H	E	T	A	T	S	S	P
V	B	N	S	E	A	Q	A	H	P	T	M	K	C	E
Z	F	I	T	X	R	R	S	C	P	K	D	I	U	X
F	U	I	A	O	K	E	U	T	L	M	K	F	L	T
O	G	L	I	Y	O	V	O	S	A	A	T	T	P	G
B	A	L	N	V	A	I	N	L	I	G	L	O	T	O
W	M	U	L	Y	A	R	E	G	N	F	I	L	U	L
N	S	M	E	E	T	I	G	G	S	B	U	E	R	A
P	L	I	S	B	A	R	I	M	S	K	Q	R	E	M
N	E	N	S	O	V	U	D	X	T	B	R	A	T	P
M	T	A	S	O	L	O	N	Y	Y	U	A	N	R	H
C	M	T	T	L	W	S	I	O	L	Z	T	C	A	E
K	B	E	E	B	I	S	W	P	E	S	S	E	I	R
I	I	G	E	X	R	I	D	C	R	F	C	N	L	E
E	P	B	L	F	V	M	T	C	E	F	S	V	D	E

Mitchell Corn Palace

W	J	J	A	M	I	X	D	S	Q	Q	L	S	Q	Q
O	T	H	G	O	W	P	H	B	T	V	D	G	H	T
R	J	T	R	O	P	W	B	A	F	G	D	M	R	R
L	L	I	I	R	Y	H	G	T	R	O	D	E	M	A
D	A	W	C	I	H	U	Q	J	M	V	X	L	M	P
S	V	K	U	S	Y	T	F	F	R	Y	E	T	C	O
O	I	C	L	H	J	I	I	O	I	U	E	S	O	R
N	T	E	T	R	K	F	P	L	G	C	W	A	T	C
L	S	B	U	E	T	Q	S	K	V	Y	O	C	L	O
Y	E	H	R	V	L	R	C	A	P	W	H	N	A	A
R	F	X	E	I	F	Q	H	R	R	F	R	E	R	B
S	D	E	S	V	G	F	U	T	Q	T	A	D	U	H
T	M	F	H	A	Q	U	L	O	M	T	C	O	M	O
E	X	V	O	L	R	L	T	D	D	A	S	O	J	F
V	I	T	W	F	E	N	Z	P	Q	S	O	W	U	E

Car Games

G	S	O	Z	O	B	W	C	D	J	M	Y	R	Z	J
O	O	G	I	T	R	U	T	H	O	R	D	A	R	E
R	E	V	E	I	E	V	A	H	R	E	V	E	N	K
E	M	A	G	T	E	I	U	Q	R	L	D	Q	Q	P
S	N	O	I	T	S	E	U	Q	Y	T	N	E	W	T
T	E	B	A	H	P	L	A	M	F	I	M	A	E	S
R	S	E	D	A	R	A	H	C	Y	E	D	H	N	O
V	C	P	Y	K	C	E	A	E	H	Y	K	F	Q	D
E	V	T	E	W	G	W	D	Y	B	P	M	P	N	S
R	A	I	N	D	R	O	P	R	A	C	I	N	G	V
Y	K	Q	V	I	A	D	N	B	N	Z	P	W	M	T
M	D	L	I	C	E	N	S	E	P	L	A	T	E	E
S	Z	T	E	I	W	V	S	Y	P	S	I	U	P	F
S	K	N	A	R	P	U	N	C	H	B	U	G	G	Y
T	N	R	C	Z	U	M	A	D	L	I	B	S	B	T

Answer Key

North Dakota

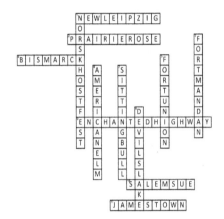

Maah Daah Hey Trail

Theodore Roosevelt Nature & History Association

Places to Stay

122

Answer Key

Midwestern Music and Cultural Festivals

1. C
2. A
3. D
4. C
5. C
6. D
7. B
8. C

Scandinavian Heritage Park

International Peace Garden

Radio Stations of the Midwest

1. C
2. A
3. E
4. F
5. D
6. B
7. I
8. G
9. J
10. H

Answer Key

Devils Lake

```
D W K C D O J Z R W I E K E U
C D N A L S I S M A H A R G C
Y A E G N I T N U H E S C V D
B N A Z P S I L S P R S M J E
I S C K Y W Q R A E I A R Y E
H M G T Q M A R P T T B Y Q K
M F L O O D I N G O A E R H A
S N O W S H O E I N G T A L L
I C E F I S H I N G E I L R T
J S L I A R T I K S C H B Y I
P L J Z M I Z W K A E W D C R
K E E R C W O R C E N A Y K I
Q M L Z D C A V Q L T G R B P
L A T I P A C H C R E P D N S
S G X R D H W H V E R E O I Z
```

Fargo Air Museum

```
Y K W A H L A B O L G O Q C T
E C N A S S I A N N O C E R Q
R E Y L F T H G I R W Z B H H
J D T A L K I N G T R A I L S
L T Q A D O K B S P V M Y T R
K K C R E S T O R A T I O N G
S H Z Z D U G G Y C W H J L F
R W R I G H T B R O T H E R S
Y R A R B I L N O I T A I V A
T Z K P X E A H R E Z U I P C
N Y Z V Z K I T T Y H A W K T
R E T P O C I L E H Y E U H W
N I G J Q N M L V U Q T U Q F
E F S C A V E N G E R H U N T
T Y O D R I B R A W N C C X W
```

Minnesota

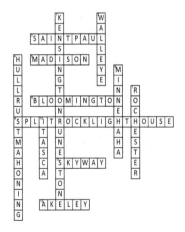

Car Misadventures

```
W Q W H E S K A E L L I O J D
N C O O L A N T L E A K Q G U
L O C K E D O U T K J M L H D
G T E K C I T G N I D E E P S
P W F N O F D U P W M W N N D
P W S T U C K I N S N O W K E
P X V G H Z A N K J T C R G A
R M D E L L A T S S Z W N S D
J Q U B L K P L O O X K A W B
O N B D B F C V H N W G G X A
R B M I E N O U Z G O N J C T
D E A D A L T E R N A T O R T
E R I T T A L F H H Q Q X Z E
K J Z A N Y C U S B L E Y A R
H Y S T U C K I N M U D R N Y
```

Answer Key

Voyageurs National Park

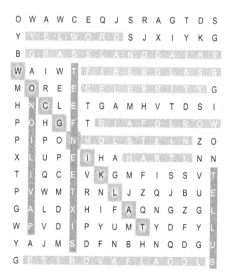

Minnehaha Falls

Chatty Belle

Things That Make You Miss Home

Other Puzzle Books You May Enjoy

The word search puzzles in this book were created with
TheTeachersCorner.net Word Search Maker. The Teacher's Corner,
in Castle Rock, Colorado, began in 1996 to provide free teaching
resources on the internet for teachers and parents. It was originally created,
and is still run today, by Jennifer and Chad Jensen.

The crossword puzzles in this book were created with
CrosswordHobbyist.com Puzzle Maker.
Riddles are courtesy of Riddles.com.

To request a free copy of our current catalog
featuring our best-selling books, write to:
Applewood Books, Inc.
P.O. Box 27
Carlisle, Massachusetts 01741
www.grabapencilpress.com

CPSIA information can be obtained
at www.ICGtesting.com
Printed in the USA
BVHW041928080520
578450BV00003B/4